CONFIANÇA E MEDO NA CIDADE

Obras de Zygmunt Bauman:

- 44 cartas do mundo líquido moderno
- Amor líquido
- Aprendendo a pensar com a sociologia
- A arte da vida
- Babel
- Bauman sobre Bauman
- Capitalismo parasitário
- Cegueira moral
- Comunidade
- Confiança e medo na cidade
- A cultura no mundo líquido moderno
- Danos colaterais
- O elogio da literatura
- Em busca da política
- Ensaios sobre o conceito de cultura
- Estado de crise
- Estranho familiar
- Estranhos à nossa porta
- A ética é possível num mundo de consumidores?
- Europa
- Globalização: as consequências humanas
- Identidade
- A individualidade numa época de incertezas
- Isto não é um diário
- Legisladores e intérpretes
- Mal líquido
- O mal-estar da pós-modernidade
- Medo líquido
- Modernidade e ambivalência
- Modernidade e Holocausto
- Modernidade líquida
- Nascidos em tempos líquidos
- Para que serve a sociologia?
- O retorno do pêndulo
- Retrotopia
- A riqueza de poucos beneficia todos nós?
- Sobre educação e juventude
- A sociedade individualizada
- Tempos líquidos
- Vida a crédito
- Vida em fragmentos
- Vida líquida
- Vida para consumo
- Vidas desperdiçadas
- Vigilância líquida

Zygmunt Bauman

CONFIANÇA E MEDO NA CIDADE

Tradução:
Eliana Aguiar

Copyright © 2005 by Zygmunt Bauman

Tradução autorizada da primeira edição italiana, publicada em 2005 por Bruno Mondadori, de Turim, Itália

Grafia atualizada segundo o Acordo Ortográfico da Língua Portuguesa de 1990, que entrou em vigor no Brasil em 2009.

Título original
Fiducia e paura nella città

Capa e imagem
Bruno Oliveira

Dados Internacionais de Catalogação na Publicação (CIP)
(Câmara Brasileira do Livro, SP, Brasil)

Bauman, Zygmunt, 1925-2017
 Confiança e medo na cidade / Zygmunt Bauman ; tradução Eliana Aguiar. – 1ª ed. – Rio de Janeiro : Zahar, 2021.

 Título original: Fiducia e paura nella città.
 ISBN 978-65-5979-001-2

 1. Modernidade - Filosofia 2. Relações sociais 3. Sociologia 4. Vida urbana I. Título.

21-60241   CDD: 307.76

Índice para catálogo sistemático:
1. Sociologia urbana 307.76

Aline Graziele Benitez – Bibliotecária – CRB-1/3129

[2021]
Todos os direitos desta edição reservados à
EDITORA SCHWARCZ S.A.
Praça Floriano, 19, sala 3001 – Cinelândia
20031-050 – Rio de Janeiro – RJ
Telefone: (21) 3993-7510
www.companhiadasletras.com.br
www.blogdacompanhia.com.br
facebook.com/editorazahar
instagram.com/editorazahar
twitter.com/editorazahar

· **Sumário** ·

Bauman e o destino das cidades globais,
por Mauro Magatti   7

1. Confiança e medo na cidade   13

2. Buscar abrigo na caixa de Pandora:
medo e incerteza na vida urbana   52

3. Viver com estrangeiros   74

Notas   91

Bauman e o destino das cidades globais

Conhecido como um autor capaz de chegar ao essencial em poucas páginas, Bauman não desmente a fama. Nos breves ensaios aqui reunidos, ele apresenta uma leitura perspicaz da situação em que se encontram as "cidades globais". Em substância, o sociólogo polonês traça, nas páginas deste livro, as linhas fundamentais daquilo que se pode considerar a dinâmica básica em torno da qual giram as principais cidades do mundo. Uma espécie de destino que parece indicar o futuro.

É possível resumir em poucas palavras os elementos centrais de seu raciocínio: as cidades globais entraram numa nova fase histórica, inaugurada no fim do século XX. Por diversas razões, essas áreas são o epicentro das transformações em curso e, como tal, constituem observatórios particularmente importantes para compreender tudo o que está acontecendo.

Em síntese, a transformação nasce dos efeitos produzidos por um duplo movimento: por um lado, é nas grandes áreas urbanas que se concentram as funções mais avançadas do capitalismo, que tem se reacomodado segundo uma lógica de rede, cujos núcleos estruturais são justamente os centros globais. Por outro, as cidades tornam-se objeto de novos e intensos fluxos de população e de uma profunda redistribuição da renda: seja nos bairros nobres, com a formação de uma elite global móvel e altamente profissionalizada, seja nos bairros populares, com a ampliação dos cinturões periféricos, onde se junta uma enorme quantidade de populações deserdadas. Em suma, a cidade social-democrata que se afirmou no segundo pós-guerra torna-se ameaçada em suas fundações, pois o tecido social é submetido a intensas pressões que produzem uma verticalização crescente: os ricos tendem a se tornar ainda mais ricos, desfrutando as oportunidades disponibilizadas pela ampliação dos mercados, enquanto os mais pobres afundam na miséria, destituídos de sistemas de proteção social.

O efeito desse duplo movimento é evidente na vida cotidiana de quem mora na cidade contemporânea: enquanto os bairros centrais são valorizados e tornam-se objeto de grandes investimentos urbanísticos, outras áreas são corroídas pela degradação e tornam-se marginais. Quem possui recursos econômicos ou tem condições de deslocar-se tenta se defender criando verdadeiros enclaves, nos quais a proteção é garantida por empresas privadas de segurança, ou transferindo-se para áreas mais tranquilas e nobres. Os mais pobres (ou seja, aqueles que são obrigados a permanecer onde estão) são forçados, ao contrário, a suportar as consequências mais negativas das mudanças. Isso só pode gerar um crescente e difuso sentimento de medo.

Dilacerada por essa tensão, a classe média corre o risco de acabar vítima de um processo que não controla e não conhece, e de perder o bem-estar conquistado no decorrer das últimas décadas.

Se essa é a dinâmica estrutural a que estão sujeitas as cidades, não surpreende que alguns especulem com o medo, transformando-o na base de uma política de controle e repressão. A curto prazo, o jogo parece funcionar: a ação repressiva e as reivindicações comunitárias servem apenas para tornar mais suportável uma transformação que se processa fundamentalmente fora de qualquer controle.

A questão é: será possível fugir desse destino? Será possível, na situação atual, percorrer outro caminho?

Não se trata aqui de dar resposta a uma pergunta tão complexa e que há de nos acompanhar ainda por muitos anos. Diante das mudanças com as quais nos confrontamos, seria ingênuo pensar numa resposta imediata. Para reconstruir equilíbrios socialmente aceitáveis, precisamos de tempo, paciência e empenho.

A maneira mais proveitosa de utilizar o modelo teórico que Bauman traça em seus ensaios é empregá-lo sobretudo para analisar a especificidade dos casos concretos e, em seguida, tentar intervir sobre eles. Tendo em mira esses objetivos, é interessante fazer referência a um caso particular – o da cidade de Milão.

A capital da Lombardia é, a justo título, uma cidade global, embora não pareça se dar conta disso. Inserida nas grandes redes mundiais, Milão é um dos centros mais importantes do continente europeu e constitui um núcleo estratégico em relação a inúmeras áreas de atividade: da pesquisa às finanças, do setor terciário avançado à inovação.

Tradicionalmente, Milão é uma daquelas cidades que se distinguem por um grau relativamente alto de integração social, pelo menos quando comparada a cidades semelhantes. Mas não lhe faltam problemas. Nos últimos anos, os índices de pobreza aumentaram de modo constante e algumas áreas periféricas começaram a sofrer um processo evidente de degradação. Da mesma forma, sabemos que crescem os processos de marginalização dos mais pobres (desempregados por longos períodos, psicologicamente fragilizados, sem-teto), ao mesmo tempo que a integração dos extracomunitários* torna-se um processo muito difícil, cada vez mais árduo, em razão de um clima cultural que esconde cada vez menos a impaciência e o estorvo.

Desse ponto de vista, Milão está diante de uma encruzilhada: ou resolve conservar, renovando-a, a própria tradição, para continuar a ser uma cidade capaz de integrar os diversos grupos sociais e de fazer dessa integração um fator de desenvolvimento, ou terá de se conformar em reforçar as dinâmicas estruturais a que Bauman se refere, para transformar-se numa cidade dividida. Em outras palavras: Milão pode tentar ser um laboratório da construção de uma via original rumo à globalidade, recriando as condições de confiança e respeito recíproco, ou pode se limitar a seguir o caminho da fragmentação e do medo que tantas cidades já começaram a percorrer.

Uma das qualidades das reflexões que Bauman tem nos oferecido ao longo de todos esses anos – e que veremos confirmadas nas páginas que se seguem – é a capacidade de jamais fechar o discurso, deixando sempre aberto o campo das possibilidades. Creio que, nesse sentido, Bauman é efetivamente um autor pós-moderno. As cidades globais têm um destino: pelo menos enquanto não se li-

---

* Indivíduos originários de países que não fazem parte da União Europeia. (N.T.)

mitarem a pensar apenas em si mesmas e em seu futuro. Mas é justamente a lógica do pensamento de Bauman que nos leva a compreender que não existem determinismos na vida social. Isso se os atores sociais enfrentarem a realidade e exercitarem até o fim sua capacidade de ação – que é, afinal, a capacidade de modificar o curso dos acontecimentos a partir de novos investimentos nas relações e nos vínculos, entendidos como elementos essenciais na construção de um novo capital social. Não de modo ingênuo, mas segundo uma reflexão contínua e séria sobre as condições do próprio agir.

MAURO MAGATTI*

---

* Diretor do Departamento de Sociologia, Università Cattolica del Sacro Cuore, Milão.

· 1 ·

Confiança e medo na cidade

Nos últimos anos, sobretudo na Europa e em suas ramificações no ultramar, a forte tendência a sentir medo e a obsessão maníaca por segurança fizeram a mais espetacular das carreiras. Por si só, isso já é um mistério. Afinal, como assinala Robert Castel em sua perspicaz análise das atuais angústias alimentadas pela insegurança,[1] "nós, pelo menos nos países que se dizem avançados, vivemos em sociedades que sem dúvida estão entre as mais seguras (*sûres*) que já existiram". No entanto, em contraste com essa "evidência objetiva", o mimado e paparicado "nós" sente-se inseguro, ameaçado e amedrontado, mais inclinado ao pânico e mais interessado em qualquer coisa que tenha a ver com tranquilidade e segurança que os integrantes da maior parte das outras sociedades que conhecemos.

Sigmund Freud já havia enfrentado o ponto cego do enigma,[2] sugerindo que a solução poderia ser encontrada no desprezo tenaz da psique humana pela árida "lógica factual". Os sofrimentos humanos (inclusive o medo de sofrer e o medo em si, que é o pior e mais penoso exemplo de sofrimento) derivam do "poder superior da natureza, da fragilidade de nossos próprios corpos e da inadequação das normas que regem os relacionamentos mútuos dos seres humanos na família, no Estado e na sociedade". Em relação às duas primeiras causas expostas por Freud, podemos dizer que conseguimos – de algum modo – aceitar os limites do que somos capazes de fazer: sabemos que jamais poderemos dominar totalmente a natureza e que não tornaremos nossos corpos imortais, subtraindo-os do fluxo impiedoso do tempo; portanto, estamos prontos para nos contentar com a "segunda opção". Essa consciência, no entanto, é mais instigadora e estimulante – e menos deprimente e inibidora. Se não podemos eliminar todos os sofrimentos, conseguimos, contudo, eliminar alguns e atenuar outros. O fato é que sempre vale a pena tentar e tentar novamente.

Mas as coisas mudam quando se trata do terceiro tipo de sofrimento: a miséria de origem *social*. Tudo o que foi feito pelo homem também pode ser *refeito*. Não aceitamos a imposição de limites para esse "refazer"; em todo caso, não os limites que um esforço pudesse superar com boa vontade e justa determinação: "Não se entende por que os regulamentos estabelecidos por nós mesmos não representam... benefício e proteção para cada um de nós." Por isso, se a proteção de fato disponível e as vantagens que desfrutamos não estão totalmente à altura de nossas expectativas; se nossas relações ainda não são aquelas que gostaríamos de desenvolver; se as regras não são exatamente como deveriam e, a nosso ver, poderiam ser; tendemos a imaginar maquinações hostis, complôs, conspirações de um inimigo que se encontra em nossa porta ou embaixo de nossa cama. Em suma, deve haver um culpado, um crime ou uma intenção criminosa.

Castel chega a conclusão análoga quando supõe que a insegurança moderna não deriva da perda da segurança, mas da "nebulosidade (*ombre portée*) de seu objetivo", num mundo social que "foi organizado em função da contínua e laboriosa busca de proteção e segurança".[3] A aguda e crônica experiência da insegurança é um efeito colateral da convicção de que, com as capacidades adequadas e os esforços necessários, é possível obter uma segurança completa. Quando percebemos que não iremos alcançá-la, só conseguimos explicar o fracasso imaginando que ele se deve a um ato mau e premeditado, o que implica a existência de algum delinquente.

Poderíamos dizer que a insegurança moderna, em suas várias manifestações, é caracterizada pelo medo dos crimes e dos criminosos. Suspeitamos dos outros e de suas intenções, nos recusamos a confiar (ou não conseguimos fazê-lo) na constância e na regularidade da solidariedade humana. Castel atribui a culpa por esse estado de coisas ao individualismo moderno. Segundo ele, a sociedade moderna – substituindo as comunidades solidamente unidas e as corporações (que outrora definiam as regras de proteção e controlavam a aplicação dessas regras) pelo dever individual de cuidar de si próprio e de fazer por si mesmo – foi construída sobre a areia movediça da contingência: a insegurança e a ideia de que o perigo está em toda parte são inerentes a essa sociedade.

Como nas outras transformações da Era Moderna, também nesta a Europa desempenhou o papel precursor. Foi a primeira a ter de enfrentar as imprevistas e perniciosas consequências regulares da mudança: a estressante sensação de insegurança que, como se dizia, não teria existido sem a ocorrência simultânea de duas "reviravoltas" que se manifestaram na Europa – para em seguida se disseminar, mais ou menos rapidamente, pelos outros lugares do planeta. A primeira, sempre segundo a terminologia de Castel, consiste na "supervalorização" (*survalorisation*[4]) do indivíduo, liberado das restrições impostas pela densa rede de vínculos sociais. A segunda, que vem logo depois da primeira, consiste na fragilidade e vulnerabilidade sem precedentes desse mesmo indivíduo, agora desprovido da proteção que os antigos vínculos lhe garantiam.

Se a primeira revelou aos indivíduos a estimulante e sedutora existência de grandes espaços nos quais implementar a construção e o aprimoramento de si mesmo, a segunda tornou a primeira inacessível para a maior parte dos indivíduos. O resultado da ação combinada dessas duas novas tendências foi como aplicar o sal do sentimento de culpa sobre a ferida da impotência, infeccionando-a. Derivou disso uma doença que poderíamos chamar de medo de ser inadequado.

Desde o início, o Estado moderno teve de enfrentar a tarefa desencorajadora de administrar o medo. Foi obrigado a tecer de novo a rede de proteção que a revolução moderna havia destruído, e repará-la repetidas vezes, à medida que a modernização, promovida por ele mesmo, só a deformava e desgastava. Ao contrário do que se é levado a pensar, no coração do "Estado social" – êxito inevitável da evolução do Estado moderno – havia mais *proteção* (garantia coletiva contra as desventuras individuais) que *redistribuição da riqueza*. Para as pessoas desprovidas de recursos econômicos, culturais ou sociais (de todos os recursos, exceto da capacidade de realizar trabalhos manuais), "a proteção só pode ser coletiva".[5]

Ao contrário das redes protetoras pré-modernas, aquelas criadas e administradas pelo Estado eram deliberada e cuidadosamente planejadas, ou desenvolviam-se espontaneamente a partir dos grandes esforços construtivos que caracterizaram a fase "sólida" da modernidade. Exemplos de proteção do primeiro tipo são as instituições e as medidas assistenciais – às vezes chamadas de "salários sociais" –, administradas ou amparadas pelo Estado (serviços de saúde, educação pública, casas populares). E também as normas industriais que definem os direitos recíprocos das partes nos contratos de trabalho, defendendo também o bem-estar e os direitos dos empregados.

O principal exemplo do segundo tipo é a solidariedade empresarial, sindical e profissional que deitou raízes e floresceu "de modo espontâneo" no ambiente relativamente estável da "fábrica fordista", síntese do cenário da modernidade sólida, na qual se remediava a ausência da maior parte dos "outros capitais". Nessa fábrica, o recíproco e duradouro empenho das duas partes em contraposição – capital e trabalho – tornou-as independentes. Ao mesmo tempo, permitiu que se pensasse e planejasse a longo prazo, que se empenhasse o futuro e nele se investisse. A "fábrica fordista" foi, portanto, um lugar caracterizado por árduas e às vezes candentes disputas que, no entanto, sempre foram contornadas (o empenho a longo prazo e a interdependência das partes em jogo fez de seu enfrentamento um investimento razoável e um sacrifício que tinha tudo para dar bons resultados). Foi também, por outro lado, um refúgio seguro para a confiança e, consequentemente, para a negociação, a busca de compromissos e de uma convivência "consensual".

A carreira claramente delineada, a tediosa, embora tranquilizadora, rotina compartilhada diariamente, a estabilidade dos grupos de trabalho, a possibilidade de desfrutar capacidades definitivamente adquiridas e o grande valor atribuído à experiência no trabalho permitiam manter os riscos do mercado de trabalho à distância. Permitiam também atenuar (ou mesmo eliminar totalmente) a incerteza, confinando os medos no reino marginal da "má sorte" e dos "incidentes fatais", sem permitir que eles invadissem a vida cotidiana. Mas, sobretudo, as muitas pessoas cujo único capital era o trabalho podiam contar com o aspecto coletivo. A solidariedade transformou a capacidade de trabalhar em capital substituto, que, como se esperava – e acertadamente –, podia servir de contrapeso para o poder combinado dos capitais de outro tipo.

Os medos modernos tiveram início com a redução do controle estatal (a chamada *desregulamentação*) e suas consequências individualistas, no momento em que o parentesco entre homem e homem – aparentemente eterno, ou pelo menos presente desde tempos imemoriais –, assim como os vínculos amigáveis estabelecidos dentro de uma comunidade ou de uma corporação, foi fragilizado ou até rompido. O modo como a modernidade sólida administrava o medo tendia a substituir os laços "naturais" – irreparavelmente danificados – por outros laços, artificiais, que assumiam a forma de associações, sindicatos e coletivos *part-time* (quase permanentes, no entanto, pois consolidados pela rotina diariamente partilhada). A *solidariedade* sucedeu a *irmandade* como melhor defesa para um destino cada vez mais incerto.

A dissolução da solidariedade representa o fim do universo no qual a modernidade sólida administrava o medo. Agora é a vez de se desmantelarem ou destruírem as proteções modernas – artificiais, concedidas. A Europa, primeira a sofrer a revisão moderna e todas as suas consequências, passa pela "desregulamentação individualista número dois", agora não por escolha própria, mas cedendo à pressão das incontroláveis forças globais.

Paradoxalmente, quanto mais persistem – num determinado lugar – as proteções "do berço ao túmulo", hoje ameaçadas em toda parte pela sensação compartilhada de um perigo iminente, mais parecem atraentes as válvulas de escape xenófobas. Os poucos países (sobretudo escandinavos) que relutam em abandonar as proteções institucionais transmitidas pela modernidade sólida – e voltadas para combater as múltiplas pressões, reduzi-las ou eliminá-las de todo – veem-se como fortalezas assediadas por forças inimigas. Eles consideram os resquícios do Estado social um privilégio que é preciso defender com unhas e dentes de invasores que pretendem saqueá-los. A xenofobia – a suspeita crescente de um complô estrangeiro e o sentimento de rancor pelos "estranhos"* – pode ser entendida como um reflexo perverso da tentativa desesperada de salvar o que resta da solidariedade local.

Quando a solidariedade é substituída pela competição, os indivíduos se sentem abandonados a si mesmos, entregues a seus próprios recursos – escassos e claramente inadequados. A corrosão e a dissolução dos laços comunitários nos transformaram, sem pedir nossa aprovação, em indivíduos *de jure* (de direito); mas circunstâncias opressivas e persistentes dificultam que alcancemos o status implícito de indivíduos *de facto* (de fato).[6] Se, entre as condições da modernidade sólida, a desventura mais temida era a incapacidade de se conformar, agora – depois da reviravolta da modernidade "líquida" – o espectro mais assustador é o

---

* Em especial os imigrantes, que, de modo vívido e claro, recordam que os muros podem ser derrubados, e as fronteiras canceladas; os imigrantes por meio dos quais se queimam em efígie as misteriosas e incontroláveis forças globalizantes.

da inadequação. Temor bem-justificado, cumpre admitir, quando consideramos a enorme desproporção entre a quantidade e a qualidade de recursos exigidos por uma produção efetiva de segurança do tipo "faça você mesmo". E também quando levamos em conta a soma total de materiais, instrumentos e habilidades que a maioria dos indivíduos, de forma razoável, pode esperar adquirir e conservar.

Robert Castel aponta também o retorno das "classes perigosas".[7] Gostaria de observar, contudo, que a semelhança entre a sua primeira e segunda aparição desse estrato é, no melhor dos casos, incompleta.

As "classes perigosas" originais eram constituídas por gente "em excesso", temporariamente excluída e ainda não reintegrada, que a aceleração do progresso econômico havia privado de "utilidade funcional", e de quem a rápida pulverização das redes de vínculos retirava, ao mesmo tempo, qualquer proteção. As novas classes perigosas são, ao contrário, aquelas consideradas incapacitadas para a reintegração e classificadas como *não assimiláveis*, porque não saberiam se tornar úteis nem depois de uma "reabilitação". Não é correto dizer que estejam "em excesso": são *supérfluas* e excluídas *de modo permanente* (trata-se de um dos poucos casos permitidos de "permanência" e também dos mais ativamente encorajados pela sociedade "líquida").

Hoje a exclusão não é percebida como resultado de uma momentânea e remediável má sorte, mas como algo que tem toda a aparência de definitivo. Além disso, nesse momento, a exclusão tende a ser uma via de mão única. É pouco provável que se reconstruam as pontes queimadas no passado. E são justamente a irrevogabilidade desse "despejo" e as escassas possibilidades de recorrer contra essa sentença que transformam os excluídos de hoje em "classes perigosas".

Essa exclusão irrevogável é a consequência direta, embora imprevista, da decomposição do Estado social, que hoje se assemelha a uma rede de poderes constituídos, ou melhor, a um ideal, a um projeto abstrato. O declínio e o colapso do Estado social anunciam definitivamente que as oportunidades de redenção irão desaparecer; que o direito ao apelo será revogado; que se perderá gradualmente qualquer esperança; e que qualquer vontade de resistir acabará por se extinguir. A exclusão do trabalho é vivida mais como uma condição de "superfluidade" que como a condição de alguém que está "des-empregado" (termo que implica um desvio da regra, um inconveniente temporário que se pode – e se poderá – remediar); equivale a ser recusado, marcado como supérfluo, inútil, inábil para o trabalho e condenado a permanecer "economicamente inativo". Ser excluído do trabalho significa ser eliminável (e talvez já eliminado definitivamente), classificado como descarte de um "progresso econômico" que afinal se reduz ao seguinte: realizar o mesmo trabalho e obter os mesmos resultados econômicos com menos força de trabalho e, portanto, com custos inferiores aos que antes vigoravam.

Hoje, apenas uma linha sutil separa os desempregados, especialmente os crônicos, do precipício, do buraco negro da *underclass* (subclasse): gente que não se soma a qualquer categoria social legítima, indivíduos que ficaram fora das classes, que não desempenham alguma das funções reconhecidas, aprovadas, úteis, ou melhor, indispensáveis, em geral realizadas pelos membros "normais" da sociedade; gente que não contribui para a vida social. A sociedade abriria mão deles de bom grado e teria tudo a ganhar se o fizesse. Não menos sutil é a linha que separa os "supérfluos" dos criminosos; *underclass* e "criminosos" são duas subcategorias de "elementos antissociais" que diferem uma da outra mais pela classificação oficial e pelo tratamento que recebem que por suas atitudes e comportamentos. Assim como aqueles que são excluídos do trabalho, os criminosos (ou seja, os que estão destinados à prisão, já estão presos, vigiados pela polícia ou simplesmente fichados) deixaram de ser vistos como excluídos provisoriamente da normalidade da vida social. Não são mais encarados como pessoas que seriam "reeducadas", "reabilitadas" e "restituídas à comunidade" na primeira ocasião, mas veem-se definitivamente afastadas para as margens, inaptas para serem "socialmente recicladas": indivíduos que precisam ser impedidos de criar problemas e mantidos à distância da comunidade respeitosa das leis.

Como observam Gumpert e Drucker,[8] "quanto mais nos separamos de nossas vizinhanças imediatas, mais confiança depositamos na vigilância do ambiente. ... Existem, em muitas áreas urbanas, um pouco no mundo todo, casas construídas para proteger seus habitantes, e não para integrá-los nas comunidades às quais pertencem." O comentário que fazem é: "Justamente quando estendem seus espaços de comunicação para a esfera internacional, esses moradores colocam a vida social porta afora, potencializando os seus 'sofisticados' sistemas de segurança".[9]

Mais ou menos no mundo inteiro, começam a se evidenciar nas cidades certas zonas, certos espaços – fortemente correlacionados a outros espaços "de valor", situados nas paisagens urbanas, na nação ou em outros países, mesmo a distâncias enormes – nos quais, por outro lado, se percebe muitas vezes uma tangível e crescente sensação de afastamento em relação às localidades e às pessoas fisicamente vizinhas, mas social e economicamente distantes.[10]

Confiança e medo na cidade

Os produtos descartados por essa nova extraterritorialidade, por meio de conexões dos espaços urbanos privilegiados, habitados ou utilizados por uma elite que pode se dizer global, são os espaços abandonados e desmembrados – aqueles que Michael Schwarzer chama de "zonas fantasma", nas quais "os pesadelos substituem os sonhos, e perigo e violência são mais comuns que em outros lugares".[11] Para tornar a distância intransponível, e escapar do perigo de perder ou de contaminar sua *pureza* local, pode ser útil reduzir a zero a tolerância e expulsar os sem-teto de lugares nos quais eles poderiam não apenas viver, mas também se fazer notar de modo invasivo e incômodo, empurrando-as para esses espaços marginais, *off-limits*, nos quais não podem viver nem se fazer ver.

Como sugere Manuel Castells,[12] a polarização está se acentuando. Mais que isso, rompem-se os vínculos entre o *Lebenswelt* (mundo-de-vida) de um e do outro tipo de cidadãos: o espaço da "primeira fila" está normalmente ligado às comunicações globais e à imensa rede de trocas, aberto a mensagens e experiências que incluem o mundo todo. Na outra ponta do espectro, encontramos as redes locais fragmentárias, muitas vezes de base étnica, que depositam sua confiança na própria identidade como recurso mais precioso para a defesa de seus interesses e, consequentemente, de sua própria vida.

O quadro que emerge dessa descrição é o de dois mundos-de-vida separados, segregados. Mas só o segundo é territorialmente circunscrito e, portanto, compreensível por meio de conceitos clássicos. Já os que vivem no primeiro dos dois mundos-de-vida – embora se encontrem, exatamente como os outros, "no local" – não são "*daquele* local": não o são idealmente, com certeza, mas muitas vezes (todas as vezes que quiserem) também não o são fisicamente.

As pessoas da "primeira fila" não se identificam com o lugar onde moram, à medida que seus interesses estão (ou melhor, flutuam) em outros locais. Pode-se supor que não adquiriram pela cidade em que moram nenhum interesse, a não ser dos seguintes: serem deixadas em paz, livres para se dedicar completamente aos próprios entretenimentos e para garantir os serviços indispensáveis (não importa como sejam definidos) às necessidades e confortos de sua vida cotidiana. A gente da cidade não se identifica com a terra que a alimenta, com a fonte de sua riqueza ou com uma área sob sua guarda, atenção e responsabilidade, como acontecia com os industriais e comerciantes de ideias e bens de consumo do passado. Eles *não estão interessados*, portanto, nos negócios de "sua" cidade: ela não passa de um lugar como outros e como todos, pequeno e insignificante, quando visto da posição privilegiada do ciberespaço, sua verdadeira – embora virtual – morada.

O mundo-de-vida dos outros, dos cidadãos da "última fila", é exatamente o contrário. Em geral, para defini-lo, diz-se que está fora das redes mundiais de comunicação com as quais as pessoas da primeira fila vivem conectadas e com as quais sintonizam suas próprias vidas. Os cidadãos da última fila estão "condenados a permanecer no lugar". Portanto, espera-se que sua atenção – cheia de insatisfações, sonhos e esperanças – dirija-se inteiramente para as "questões locais". Para eles, é dentro da cidade em que moram que se declara e se combate a luta – às vezes vencida, mas com maior frequência perdida – para sobreviver e conquistar um lugar decente no mundo.

A segregação das novas elites globais; seu afastamento dos compromissos que tinham com o *populus* do local no passado; a distância crescente entre os espaços onde vivem os separatistas e o espaço onde habitam os que foram deixados para trás; estas são provavelmente as mais significativas das tendências sociais, culturais e políticas associadas à passagem da fase sólida para a fase líquida da modernidade.

Há muita verdade nesse quadro, mas isso não é tudo: nele perde-se ou minimiza-se a parte essencial da verdade, aquela que, mais que qualquer outra, representa a característica fundamental (e provavelmente a que mais consequências terá a longo prazo) da vida urbana contemporânea. Essa característica consiste na estreita interação entre as pressões globalizantes e o modo como as identidades locais são negociadas, modeladas e remodeladas.

É um grave erro atribuir um lugar diverso aos aspectos "globais" e "locais" das condições existenciais e políticas contemporâneas, correlacionando-os apenas de modo secundário e ocasional – como poderia sugerir a não participação na "primeira fila". Num estudo recentemente publicado, Michael Peter Smith[13] se opõe à opinião (partilhada, segundo ele, por David Harvey e John Friedman, por exemplo)[14] que contrapõe "uma lógica dinâmica e não localizada dos fluxos econômicos globais" a "uma concepção estática do território e da cultura local", atualmente *valorizados* como "locais de vida", "estar-no-mundo". Segundo Smith, "longe de refletir uma ontologia estática da *existência* ou da *comunidade*, as localidades são construções dinâmicas, *em formação*".

Na verdade, a linha que separa o espaço abstrato dos operadores globais – "que se encontra em algum lugar do inexistente" – daquele espaço físico tangível, "aqui e agora" no mais alto grau, da "gente do lugar" só pode ser traçada no mundo etéreo da teoria, em que os conteúdos emaranhados dos mundos-de-vida humanos são inicialmente "colocados em ordem" e depois classificados e arquivados: cada um em seu compartimento, por razões de clareza. Mas as realidades da vida urbana logo chegam para arruinar essas cuidadosas classificações. Os elegantes modelos de vida urbana, construídos com a ajuda de contraposições nítidas, podem proporcionar muitas satisfações aos construtores de teorias, mas na prática não servem de muita coisa para os planejadores urbanos, e menos ainda para os habitantes que enfrentam os desafios da vida na cidade.

Os poderes reais que criam as condições nas quais todos nós atuamos flutuam no espaço global, enquanto as instituições políticas permanecem, de certo modo, "em terra", são "locais".

Como continuam a ser majoritariamente locais, as organizações políticas que operam no interior do espaço urbano tendem fatalmente a padecer de uma frágil capacidade de agir – e sobretudo de agir com eficácia, com "soberania" – no palco em que se representa o drama da política. Por outro lado, deve-se destacar a falta de política no ciberespaço extraterritorial, que é o campo de jogo do poder.

Nesse nosso mundo que se globaliza, a política tende a ser – cada vez mais apaixonada e conscientemente – *local*. Como foi banida do ciberespaço, ou teve seu acesso vetado, ela se volta para as questões locais, as relações de bairro. Para a maioria de nós, e na maior parte do tempo, elas parecem ser as únicas questões em relação às quais se pode "fazer alguma coisa", sobre as quais é possível influir, recolocando-as nos eixos, melhorando-as, modificando-as.

Confiança e medo na cidade

O nosso agir ou não agir só pode "fazer a diferença" quando se trata de questões locais, enquanto para as outras questões, declaradamente "supralocais", não existem "alternativas" – como continuam a afirmar nossos líderes políticos, assim como os especialistas de plantão. Acabamos por suspeitar – com os recursos penosamente inadequados de que dispomos – que esses assuntos seguirão seu curso, não importa o que façamos ou nos proponhamos a fazer de maneira razoável.

Também as situações cuja origem e cujas causas são indubitavelmente globais, remotas e obscuras só entram no âmbito das questões políticas quando têm repercussões locais. A poluição do ar – notoriamente global – ou dos recursos hídricos só diz respeito à política quando um terreno, vendido abaixo do custo – em razão da presença de resíduos tóxicos ou de alojamentos para refugiados políticos –, está localizado aqui ao lado, praticamente em "nosso quintal", aterradoramente próximo, mas também (o que é encorajador) "ao alcance da mão".

A progressiva comercialização do setor de saúde, que nada mais é que um efeito das competições desenfreadas entre os colossos farmacêuticos supranacionais, só entra no campo da política quando o hospital da área começa a se deteriorar, ou quando diminui o número de residências para idosos ou de instituições psiquiátricas. Os habitantes de uma cidade (Nova York) tiveram de enfrentar a devastação causada pela evolução global do terrorismo, e os conselhos municipais e prefeitos de outras cidades tiveram de assumir a responsabilidade de garantir a segurança individual, ameaçada doravante por forças inimigas absolutamente inatingíveis para as administrações municipais. A devastação global dos meios de sobrevivência e o deslocamento de populações dos locais onde tinham moradia estável há muito tempo só entram no horizonte da atividade política por meio daqueles pitorescos "imigrantes econômicos" que inundam estradas outrora monótonas.

Em poucas palavras: *as cidades se transformaram em depósitos de problemas causados pela globalização*. Os cidadãos e aqueles que foram eleitos como seus representantes estão diante de uma tarefa que não podem nem sonhar em resolver: a tarefa de encontrar soluções locais para contradições globais.

Daí o paradoxo destacado por Castells: "Políticas cada vez mais locais num mundo estruturado por processos cada vez mais globais."[15] "Houve uma produção de sentido e de identidade: a minha vizinhança, a minha comunidade, a minha cidade, a minha escola, a minha árvore, o meu rio, a minha praia, a minha igreja, a minha paz, o meu ambiente." "As pessoas, desarmadas diante do vórtice global, fecharam-se em si mesmas." Gostaria de observar que, quanto mais se "fecham em si mesmas", mais ficam "desarmadas diante do vórtice global", e tendem a se tornar também mais fracas na hora de decidir sobre os sentidos e as identidades locais, que são *suas* exatamente por serem locais, para grande alegria dos operadores globais, que não têm motivo algum para temer os desarmados.

Como Castells sugeriu em outra oportunidade,[16] a criação de um "espaço de fluxos" instaura uma nova (e global) hierarquia de dominação por meio da ameaça de abandono. Esse "espaço de fluxos" pode "fugir de qualquer controle local", enquanto (aliás, justamente porque) "o espaço físico é fragmentário, circunscrito e cada vez mais desprovido de poder em relação à versatilidade do espaço de fluxos. As localidades só podem resistir negando direito de desembarque aos fluxos desenfreados, para constatar em seguida que eles desembarcam em localidades vizinhas, cercando e tornando marginais as comunidades rebeldes".

A política local – e particularmente a política urbana – encontra-se hoje desesperadamente sobrecarregada, a tal ponto que não consegue mais operar. E nós pretendíamos reduzir as consequências da globalização incontrolável justamente com os meios e com os recursos que a própria globalização tornou penosamente inadequados.

Ninguém, nesse mundo que se globaliza tão depressa, é pura e simplesmente um "operador global". Aqueles que fazem parte da oni-influente elite *globe-trotter* poderão, no máximo, dar à própria mobilidade um objetivo mais amplo. Se as coisas começam a pegar fogo, comprometendo seu conforto, se o espaço que circunda suas residências urbanas torna-se perigoso demais, difícil demais de controlar, eles podem ir para outra parte – possibilidade vetada a todos os que são (fisicamente) seus vizinhos. Essa possibilidade de escapar dos problemas locais permite que tenham uma independência com que os outros habitantes urbanos só podem sonhar; e que exibam o luxo – que os outros não se podem permitir – de uma nobre indiferença. Sua contribuição para "resolver as questões da cidade" tende a ser menos completa e mais desprovida de restrições que a participação dos que têm menores possibilidades de romper unilateralmente os vínculos locais.

Isso não significa, contudo, que, na busca de "sentido e identidade" (dos quais tem necessidade e que ambiciona tão intensamente quanto seu próximo), a elite global possa desconsiderar totalmente o local onde vive e trabalha. Como todos os outros homens e mulheres, ela também faz parte da paisagem urbana na qual – queiram ou não – se inscrevem suas aspirações. Como operadores globais, podem girar pelo ciberespaço. Mas, como seres humanos, estão confinados de manhã à noite no espaço físico em que atuam, num ambiente já predisposto e continuamente regenerado no decorrer da luta em busca de sentido e identidade. É nos *lugares* que se forma a experiência humana, que ela se acumula, é compartilhada, e que seu sentido é elaborado, assimilado e negociado. E é nos *lugares*, e graças aos *lugares*, que os desejos se desenvolvem, ganham forma, alimentados pela esperança de realizar-se, e correm risco de decepção – e, a bem da verdade, acabam decepcionados, na maioria das vezes.

As cidades contemporâneas são os campos de batalha nos quais os poderes globais e os sentidos e identidades tenazmente locais se encontram, se confrontam e lutam, tentando chegar a uma solução satisfatória ou pelo menos aceitável para esse conflito: um modo de convivência que – espera-se – possa equivaler a uma paz duradoura, mas que em geral se revela antes um armistício, uma trégua útil para reparar as defesas abatidas e reorganizar as unidades de combate. É esse confronto geral, e não algum fator particular, que aciona e orienta a dinâmica da cidade na modernidade líquida – de *todas* as cidades, sem sombra de dúvida, embora não de todas elas no mesmo grau.

Michael Peter Smith, durante uma viagem recente a Copenhague,[17] em uma única hora de estrada, encontrou "pequenos grupos de imigrantes turcos, africanos e vindos do Oriente Médio", viu "inúmeras mulheres árabes, algumas veladas, outras não", notou "letreiros escritos em várias línguas não europeias" e, "num *pub* inglês que ficava diante do Tivoli, teve uma interessante conversa com o garçom irlandês". Essas experiências de campo mostram-se muito úteis (disse Smith durante a conferência sobre vinculações supranacionais que fez naquela cidade) "quando um interlocutor insiste em dizer que o supranacionalismo é um fenômeno que diz respeito apenas às 'cidades globais', como Londres ou Nova York, e tem pouco a ver com lugares mais isolados, como Copenhague".

Aconteça o que acontecer a uma cidade no curso de sua história, e por mais radicais que sejam as mudanças em sua estrutura e seu aspecto no decorrer dos anos ou dos séculos, há um traço que permenece constante: a cidade é um espaço em que os estrangeiros existem e se movem em estreito contato.

Componente fixo da vida urbana, a onipresença de estrangeiros, tão visíveis e tão próximos, acrescenta uma notável dose de inquietação às aspirações e ocupações dos habitantes da cidade. Essa presença, que só se consegue evitar por um período bastante curto de tempo, é uma fonte inexaurível de ansiedade e agressividade latente – e muitas vezes manifesta.

O medo do desconhecido – no qual, mesmo que subliminarmente, estamos envolvidos – busca desesperadamente algum tipo de alívio. As ânsias acumuladas tendem a se descarregar sobre aquela categoria de "forasteiros" escolhida para encarnar a "estrangeiridade", a não familiaridade, a opacidade do ambiente em que se vive e a indeterminação dos perigos e das ameaças. Ao expulsar de suas casas e de seus negócios uma categoria particular de "forasteiros", exorciza-se por algum tempo o espectro apavorante da incerteza, queima-se em efígie o monstro horrendo do perigo. Ao erguer escrupulosamente cuidadosos obstáculos de fronteira contra os falsos pedidos de asilo e contra os imigrantes por motivos "puramente econômicos", espera-se consolidar nossa vida incerta, trôpega e imprevisível. Mas a vida na modernidade líquida está fadada a permanecer estranha e caprichosa, por mais numerosas que sejam as situações críticas pelas quais os "indesejáveis estranhos" são responsabilizados. Assim, o alívio tem breve duração, e as esperanças depositadas em "medidas drásticas e decisivas" desaparecem praticamente no nascedouro.

O estrangeiro é, por definição, alguém cuja ação é guiada por intenções que, no máximo, se pode tentar adivinhar, mas que ninguém jamais conhecerá com certeza. O estrangeiro é a variável desconhecida no cálculo das equações quando chega a hora de tomar decisões sobre o que fazer. Assim, mesmo quando os estrangeiros não são abertamente agredidos e ofendidos, sua presença em nosso campo de ação sempre causa desconforto e transforma em árdua empresa a previsão dos efeitos de uma ação, suas probabilidades de sucesso ou insucesso.

Compartilhar espaços com os estrangeiros, viver com eles por perto, desagradáveis e invasivos como são, é uma condição da qual os cidadãos consideram difícil, se não impossível, escapar. No entanto, a vizinhança dos estrangeiros é o seu destino, um *modus vivendi* que terão de experimentar, que deverão ensaiar com confiança para, enfim, instituí-lo, se quiserem tornar a convivência agradável, e a vida vivível. É uma necessidade, um dado de fato e, enquanto tal, não negociável; mas, naturalmente, o modo como os cidadãos se preparam para satisfazer essa necessidade depende de suas escolhas. Estas são feitas a cada dia, agindo ou evitando agir, de propósito ou não, decidindo de maneira consciente ou seguindo cega e mecanicamente os esquemas de sempre; unindo discussão e reflexão ou seguindo de maneira pessoal aquilo a que damos crédito porque continua na moda e ainda não foi desmerecido.

Teresa Caldeira escreve a propósito de São Paulo (a primeira entre as grandes e fervilhantes cidades brasileiras em rápida expansão): "Hoje é uma cidade feita de muros. Barreiras físicas são construídas por todo lado: ao redor das casas, dos condomínios, dos parques, das praças, das escolas, dos escritórios. ... A nova estética da segurança decide a forma de cada tipo de construção, impondo uma lógica fundada na vigilância e na distância."[18]

Todos que têm condições adquirem seu apartamento num condomínio: trata-se de um lugar isolado que fisicamente se situa dentro da cidade, mas, social e idealmente, está fora dela. "Presume-se que as comunidades fechadas sejam mundos separados. As mensagens publicitárias acenam com a promessa de 'viver plenamente' como uma alternativa à qualidade de vida que a cidade e seu deteriorado espaço público podem oferecer." Uma das características mais relevantes dos condomínios é "seu isolamento e sua distância da cidade. ... Isolamento quer dizer separação de todos os que são considerados socialmente inferiores", e – como os construtores e as imobiliárias insistem em dizer – "o fator-chave para obtê-lo é a segurança. Isso significa cercas e muros ao redor dos condomínios, guardas (24 horas por dia) vigiando os acessos e uma série de aparelhagens e serviços ... que servem para manter os outros afastados".

Como bem sabemos, as cercas têm dois lados. Dividem um espaço antes uniforme em "dentro" e "fora", mas o que é "dentro" para quem está de um lado da cerca é "fora" para quem está do outro. Os moradores dos condomínios mantêm-se fora da desconcertante, perturbadora e vagamente ameaçadora – por ser turbulenta e confusa – vida urbana, para se colocarem "dentro" de um oásis de tranquilidade e segurança. Contudo, justamente por isso, mantêm todos os demais fora dos lugares decentes e seguros, e estão absolutamente decididos a conservar e defender com unhas e dentes esse padrão; tratam de manter os outros nas mesmas ruas desoladas que pretendem deixar do lado de fora, sem ligar para o preço que isso tem. A cerca separa o "gueto voluntário" dos arrogantes dos muitos condenados a nada ter.

Para aqueles que vivem num gueto voluntário, os outros guetos são espaços "nos quais não entrarão jamais". Para aqueles que estão nos guetos "involuntários", a área a que estão confinados (excluídos de qualquer outro lugar) é um espaço "do qual não lhes é permitido sair".

A tendência a segregar, a excluir, que em São Paulo (a maior conurbação do Brasil, à frente do Rio de Janeiro) manifesta-se da maneira mais brutal, despudorada e sem escrúpulos, apresenta-se – mesmo que de forma atenuada – na maior parte das metrópoles.

Paradoxalmente, as cidades – que na origem foram construídas para dar segurança a todos os seus habitantes – hoje estão cada vez mais associadas ao perigo. Como diz Nan Ellin[19], "o fator medo [implícito na construção e reconstrução das cidades] aumentou, como demonstram o incremento dos mecanismos de tranca para automóveis; as portas blindadas e os sistemas de segurança; a popularidade das *gated and secure communities* para pessoas de todas as idades e faixas de renda; e a vigilância crescente dos locais públicos, para não falar dos contínuos alertas de perigo por parte dos meios de comunicação de massa".[20]

As autênticas ou supostas ameaças à integridade pessoal e à propriedade privada convertem-se em questões de grande alcance cada vez que se consideram as vantagens e desvantagens de viver num determinado lugar. Elas aparecem em primeiro lugar nas estratégias de *marketing* imobiliário. A incerteza do futuro, a fragilidade da posição social e a insegurança da existência – que sempre e em toda parte acompanham a vida na modernidade líquida, mas têm raízes remotas e escapam ao controle dos indivíduos – tendem a convergir para objetivos mais próximos e a assumir a forma de questões referentes à segurança pessoal: situações desse tipo transformam-se facilmente em incitações à segregação-exclusão que levam – é inevitável – a guerras urbanas.

Como se depreende de uma excelente pesquisa feita por Steven Flusty,[21] jovem arquiteto e crítico da urbanística norte-americana, colocar-se a serviço dessa guerra – sobretudo projetando maneiras de proibir aos inimigos reais, potenciais e presumidos o acesso ao espaço que eles reivindicam e mantendo-os a uma distância segura – constitui o interesse maior e o objeto da mais rápida expansão da inovação arquitetônica e do desenvolvimento urbano das cidades nos Estados Unidos. As *construções* recentes, orgulhosamente alardeadas e imitadas, não passam de "espaços fechados", "concebidos para interceptar, filtrar ou rechaçar os aspirantes a usuário". A intenção desses espaços vetados é claramente dividir, segregar, excluir, e não de criar pontes, convivências agradáveis e locais de encontro, facilitar as comunicações e reunir os habitantes da cidade.

Os estratagemas arquitetônico-urbanísticos identificados e listados por Flusty são os equivalentes tecnicamente atualizados dos fossos pré-modernos, das torres e das seteiras nas muralhas das cidades antigas. Mas, em lugar de defender a cidade e todos os seus habitantes de um inimigo externo, servem para dividir e manter separados seus habitantes: para defender uns dos outros, ou seja, daqueles a quem se atribuiu o *status* de adversários. Entre as invenções mencionadas por Flusty, temos: o "espaço escorregadio", um "espaço inatingível, pois as vias de acesso são tortuosas ou inexistentes"; o "espaço escabroso", que "não pode ser confortavelmente ocupado, sendo defendido por expedientes como borrifadores instalados nos muros, úteis para expulsar os vagabundos, ou bordas inclinadas que impedem que as pessoas se sentem; e o "espaço nervoso", "que não se pode usar sem ser observado, por causa da vigilância ativa de grupos de patrulhamento e/ou de tecnologias de televigilância conectadas a estações de controle."

Esses e outros tipos de espaços proibidos têm um único – embora composto – objetivo: manter os enclaves extraterritoriais isolados do território contínuo da cidade; construir pequenas fortalezas no interior das quais os integrantes da elite global extraterritorial podem cuidar da própria independência física e do próprio isolamento espiritual, e tratar de cultivá-los e desfrutá-los. Na paisagem urbana, os espaços vedados transformam-se nas pedras miliárias que assinalam a *desintegração* da vida comunitária, fundada e compartilhada exatamente ali. Os desenvolvimentos descritos por Steven Flusty são manifestações altamente tecnológicas da onipresente *mixofobia* (medo de misturar-se).

Essa mixofobia não passa da difusa e muito previsível reação à impressionante e exasperadora variedade de tipos humanos e de estilos de vida que se podem encontrar nas ruas das cidades contemporâneas e mesmo na mais "comum" (ou seja, não protegida por espaços vedados) das zonas residenciais. Uma vez que a multiforme e plurilinguística cultura do ambiente urbano na era da globalização se impõe – e, ao que tudo indica, tende a aumentar –, as tensões derivadas da "estrangeiridade" incômoda e desorientadora desse cenário acabarão, provavelmente, por favorecer as tendências segregacionistas.

Encontrar um desaguadouro para essas tendências pode (temporária, mas repetidamente) dar alívio às crescentes tensões. Há uma esperança: talvez seja impossível fazer algo para modificar as diferenças desconcertantes e embaraçosas. Mas talvez se possa tornar a situação menos nociva atribuindo a cada forma de vida particular um espaço físico separado, inclusivo e exclusivo ao mesmo tempo, bem-delimitado e defendido. À parte essa solução radical, talvez pudéssemos ao menos assegurar para nós mesmos, nossos amigos, parentes e outros "como nós", um território isento da mistura e da desordem que atormentam irremediavelmente as outras áreas urbanas. A mixofobia se manifesta como impulso em direção a ilhas de identidade e de semelhança espalhadas no grande mar da variedade e da diferença.

As origens da mixofobia são banais e não muito difíceis de identificar. São facilmente entendidas, embora não se possa dizer que sejam fáceis de justificar. Como sugere Richard Sennett,[22] "a sensação de 'nós', que expressaria um desejo de semelhança, não é mais que um modo de fugir da necessidade de olhar profundamente um dentro do outro". Poderíamos dizer que tudo isso promete algum conforto espiritual: existe a perspectiva de tornar a solidariedade mais tolerável, renunciando a essa tentativa de entender, tratar e pactuar exigida pela convivência com as diferenças

– e entre as diferenças. "No processo de formação de uma imagem coerente de comunidade está incluído o desejo de evitar qualquer participação real. Mesmo quando podem sentir os vínculos que as unem aos outros, as pessoas não querem vivê-los porque têm medo de participar, têm medo dos perigos e dos desafios que a participação implica, e têm medo de sofrer."

O impulso para uma "comunidade de semelhantes" é um sinal de retirada, não somente da alteridade que existe lá fora, mas também do empenho na interação interna, que é viva, embora turbulenta, fortalecedora, embora incômoda. A atração que uma "comunidade de iguais" exerce é semelhante à de uma apólice de seguro contra riscos que caracterizam a vida cotidiana em um mundo "multivocal". Não é capaz de diminuir os riscos e menos ainda evitá-los. Como qualquer paliativo, nada promete além de uma proteção contra alguns de seus efeitos mais imediatos e temidos.

Escolher a fuga, aceitando as sugestões da mixofobia, tem uma consequência insidiosa e deletéria: quanto mais ineficaz é a estratégia, mais ela se reforça e perdura. Sennett explica por que as coisas são e, na verdade, devem ser assim: "O modo como as cidades norte-americanas se desenvolveram nos últimos anos tornou relativamente homogêneas as diversas áreas étnicas; e não por acaso o medo do estrangeiro aumentou a ponto de excluir tais comunidades étnicas."[22] Quanto mais tempo se permanece num ambiente uniforme – em companhia de outros "como nós", com os quais é possível "se socializar" superficialmente, sem correr o risco de mal-entendidos e sem precisar enfrentar a amolação de ter de traduzir um mundo de significados em outro –, mais é provável que se "desaprenda" a arte de negociar significados e um *modus convivendi*.

Como as pessoas esqueceram ou negligenciaram o aprendizado das capacidades necessárias para conviver com a diferença, não é surpreendente que elas experimentem uma crescente sensação de horror diante da ideia de se encontrar frente a frente com estrangeiros. Estes tendem a parecer cada vez mais assustadores, porque cada vez mais alheios, estranhos e incompreensíveis. E também há uma tendência para que desapareçam – se é que já existiram – o diálogo e a interação que poderiam assimilar a alteridade deles em nossa vida. É possível que o impulso para um ambiente homogêneo, territorialmente isolado, tenha origem na mixofobia: no entanto, *colocar em prática* a separação territorial só fará alimentar e proteger a mixofobia (embora seja importante dizer que ela não é o único elemento em jogo no campo de batalha urbano).

Todos sabem que viver numa cidade é uma experiência ambivalente. Ela atrai *e* afasta; mas a situação do citadino torna-se mais complexa porque são exatamente os mesmos aspectos da vida na cidade que atraem e, ao mesmo tempo ou alternadamente, repelem. A desorientadora variedade do ambiente urbano é fonte de medo, em especial entre aqueles de nós que perderam seus modos de vida habituais e foram jogados num estado de grave incerteza pelos processos desestabilizadores da globalização. Mas esse mesmo brilho caleidoscópico da cena urbana, nunca desprovido de novidades e surpresas, torna difícil resistir a seu poder de sedução.

Ter de enfrentar o interminável e sempre ofuscante espetáculo da cidade não é, portanto, percebido somente como maldição e infelicidade. Nem se proteger é visto sempre como pura e simples bênção. A cidade induz simultaneamente à *mixofilia* e à mixofobia. A vida urbana é intrínseca e irremediavelmente ambivalente. Quanto maior e mais heterogênea for uma cidade, maiores serão os atrativos que pode oferecer. Uma grande concentração de estrangeiros funciona como um repelente e ao mesmo tempo como um potentíssimo ímã, atraindo para a grande cidade homens e mulheres cansados da vida no campo e nas pequenas cidades, fartos da rotina e desesperados com a falta de perspectivas. A variedade promete oportunidade: muitas e diversas oportunidades, adequadas a cada gosto e a cada competência. Por isso, quanto maior a cidade, maior é a probabilidade de que atraia um número crescente de pessoas que recusam – ou a quem é recusada – a possibilidade de viver e encontrar moradia em lugares menores, menos tolerantes e com oportunidades mais escassas. Podemos dizer que a mixofilia, assim como a mixofobia, é uma tendência com propulsão autônoma, que se propaga e se reforça sozinha. Provavelmente nenhuma das duas vai se exaurir ou perder o vigor no curso da renovação das cidades e de seu espaço.

Mixofobia e mixofilia coexistem não apenas em cada cidade, mas também em cada cidadão. Trata-se claramente de uma coexistência incômoda, cheia de som e fúria, mas, mesmo assim, muito significativa para as pessoas que sofrem a ambivalência da modernidade líquida.

Como os estrangeiros são obrigados a levar a própria vida em covizinhança, seja qual for o rumo que a história urbana tomar, a arte de viver pacífica e alegremente com as diferenças e de extrair benefícios dessa variedade de estímulos e oportunidades está se transformando na mais importante das aptidões que um citadino precisa aprender e exercitar.

É improvável (pela mobilidade humana cada vez maior na era da modernidade líquida, e pela aceleração das mudanças introduzidas no elenco, na trama e no set da cena urbana) que se possa erradicar totalmente a mixofobia.

Mas talvez seja possível fazer alguma coisa para influir nas proporções em que ela e a mixofilia se combinam, de forma a reduzir o desorientador, ansioso e torturante impacto da mixofobia. Na verdade, parece que os arquitetos e planejadores urbanos podem fazer muito para favorecer o crescimento da mixofilia e reduzir as ocasiões de reação mixofóbica diante dos desafios da vida urbana. Mas, ao que tudo indica, também podem fazer muito – e na verdade estão fazendo – para favorecer o efeito oposto.

Como já vimos, o isolamento das áreas residenciais e dos espaços frequentados pelo público – comercialmente atraente para os construtores e para seus clientes, que entreveem uma solução rápida para as ansiedades geradas pela mixofobia – é, de fato, a causa primeira da mixofobia. As soluções disponíveis criam (por assim dizer) o problema que pretendem resolver: os construtores de *gated communities*, ou de condomínios estritamente vigiados, e os arquitetos dos espaços vedados criam, reproduzem e intensificam a necessidade, e portanto a *demanda*, que, ao contrário, afirmam satisfazer.

A paranoia mixofóbica nutre a si mesma e age como uma profecia que não tem necessidade de confirmação. Se a segregação é oferecida e entendida como um remédio radical para o perigo representado pelos estrangeiros, a coabitação com os estrangeiros irá se tornar cada dia mais difícil. Tornar os bairros residenciais uniformes para depois reduzir ao mínimo as atividades comerciais e as comunicações entre um bairro e outro é uma receita infalível para manter e tornar mais forte a tendência a excluir, a segregar. Tais procedimentos podem atenuar o padecimento de quem sofre de mixofobia, mas o remédio é por si mesmo patogênico e torna mais profundo o tormento, de modo que – para mantê-lo sob controle – é preciso aumentar continuamente as doses. A uniformidade do espaço social, sublinhada e acentuada pelo isolamento espacial dos moradores, diminui a tolerância à diferença; e multiplica, assim, as ocasiões de reação mixofóbica, fazendo a vida na cidade parecer mais "propensa ao perigo" e, portanto, mais angustiante, em vez de mostrá-la mais segura e, portanto, mais fácil e divertida.

Seria mais favorável à proteção e ao cultivo de sentimentos mixófilos – no planejamento arquitetônico e urbano – a estratégia oposta: difusão de espaços públicos abertos, convidativos, acolhedores, que todo tipo de cidadão teria vontade de frequentar assiduamente e compartilhar voluntariamente e de bom grado.

Como disse muito bem Hans Gadamer – em *Verdade e método* –, a compreensão recíproca é obtida com uma "fusão de horizontes"; horizontes cognitivos que são traçados e ampliados acumulando-se experiências de vida.

A fusão que uma compreensão recíproca exige só poderá resultar de uma experiência compartilhada, e certamente não se pode pensar em compartilhar uma experiência sem partilhar um espaço.

· 2 ·

Buscar abrigo na caixa de Pandora: medo e incerteza na vida urbana

"Como falta conforto em nossa existência, acabamos por nos contentar com a segurança, ou a ficção de segurança", escrevem os redatores da *The Hedgehog Review*, na introdução a um número especial dedicado ao medo.[1] O terreno no qual presumivelmente nossas perspectivas de vida têm fundamento é evidentemente instável, assim como os trabalhos que realizamos e as empresas que oferecem esses trabalhos, nossos parceiros, nossa rede de amizades, a posição que ocupamos na sociedade mais ampla, assim como a autoestima e a confiança em nossas capacidades, que derivam dessa posição. O "progresso" – antes manifestação extrema de otimismo radical e promessa de uma felicidade duradoura e universalmente compartilhada – resultou no contrário do que prometia. Hoje se formulam previsões apavorantes e fatalistas, e o progresso representa a ameaça de uma inexorável e inevitável mudança que não promete paz nem repouso, mas crises e tensões contínuas, sem um segundo de trégua, uma espécie de "jogo das cadeiras" no qual um segundo de distração pode levar à derrota irrevogável, à exclusão sem apelo. Em lugar de grandes expectativas e doces sonhos, a palavra progresso evoca uma insônia povoada de pesadelos: "ser deixado para trás", perder o trem, ser atirado para fora do veículo por um movimento brusco.

Incapazes de diminuir o ritmo alucinante e – mais ainda – de prever e controlar sua direção, nos concentramos naquilo que podemos, pensamos que podemos ou estamos certos de que podemos influenciar. Nós, pessoalmente, ou aqueles que no momento nos são mais próximos e caros, tentamos calcular e reduzir ao mínimo o risco de cairmos vítimas dos inúmeros e indefinidos perigos que a opacidade do mundo e seu futuro incerto nos reservam. Estamos totalmente empenhados em observar "os sete sintomas do câncer", "os cinco sinais de depressão", ou em exorcizar o espectro da pressão sanguínea e das altas taxas do colesterol, do estresse ou da obesidade.

Em outras palavras, perseguimos objetivos vicários, úteis para descarregar os excessos de um medo cujo desaguadouro natural está fechado e para encontrar algum objetivo improvisado, que consiste em tomar complexas precauções contra o fumo, a obesidade, o fast food, o sexo sem proteção ou a exposição aos raios solares. Aqueles que têm condições tentam se proteger contra o perigo – difuso, mas onipresente, visível ou invisível, manifesto ou pressentido, conhecido ou desconhecido. Entrincheiram-se atrás de muros, multiplicam as câmeras nas vias de acesso aos apartamentos, contratam guardas armados, compram carros blindados (como os famigerados SUV – Sport Utility Vehicle), usam roupas protegidas (como os tênis de skate com grossas solas vulcanizadas), ou recebem aulas de artes marciais.

"O problema", como diz David L. Altheide,[2] "é que essas atividades reforçam (e contribuem para a produção de) uma sensação de caos que nossas ações só fazem agravar". Cada fechadura suplementar na porta de entrada, em resposta aos insistentes alertas sobre desenfreados criminosos de aspecto estrangeiro, ou cada nova revisão da dieta, em resposta ao "pânico da comida", faz surgir um mundo mais desconfiado e medroso, e induz ações defensivas *posteriores* que – *hélas* – terão inevitavelmente o mesmo efeito. Nossos medos são capazes de se manter e se reforçar sozinhos. Já têm vida própria.

Mas é possível obter grandes lucros comerciais graças à insegurança e ao medo. E é justamente isso que acontece. Stephen Graham diz que "os publicitários exploraram deliberadamente o medo difuso de um terrorismo catastrófico para incrementar, em seguida, as vendas dos muito lucrativos SUV".[3] Esses monstros devoradores de gasolina,[4] genérica e impropriamente chamados de "veículos esportivos econômicos" – que nos Estados Unidos já alcançaram 45% da venda total de automóveis –, foram rotulados na vida urbana como "cápsulas defensivas". O SUV transmite segurança. Assim como as *gated communities*, para onde nos vemos guiados tantas vezes, é descrito nos anúncios publicitários como imune à perigosa e imprevisível vida urbana "lá fora". Tais veículos parecem mitigar o medo que as classes médias urbanas sentem quando se deslocam dentro de "sua" cidade ou quando ficam paradas no trânsito.

Assim como o dinheiro líquido disponível para investimentos de todo tipo, o "capital do medo" pode ser transformado em qualquer tipo de lucro político ou comercial. É isso mesmo. A segurança pessoal tornou-se muito importante, talvez o argumento de venda mais necessário para qualquer estratégia de *marketing*. A expressão "lei e ordem", hoje reduzida a uma promessa de segurança pessoal, transformou-se num argumento categórico de venda, talvez o mais decisivo nos projetos políticos e nas campanhas eleitorais. A exposição das ameaças à segurança pessoal é hoje um elemento determinante na guerra pelos índices de audiência dos meios de comunicação de massa (incrementando assim o sucesso dos dois usos, político e mercadológico, do capital medo). Ray Surette afirma que

Confiança e medo na cidade

o mundo visto na televisão parece um universo em que "policiais-cães de fila" protegem "cidadãos-ovelhas" de "criminosos-lobos".[5]

Tudo isso não pode deixar de incidir sobre as condições da vida urbana, sobre o modo como percebemos a existência na cidade e sobre as esperanças e apreensões que tendemos a associar ao ambiente urbano, a ponto de distorcê-lo. Quando falamos das condições de vida na cidade, estamos nos referindo, na prática, às condições de vida de toda a humanidade. Segundo as previsões atuais, dentro de 25 anos, cerca de duas pessoas em três viverão em cidades. Nomes até então nunca ouvidos – Xongkin, Xenyan, Pune, Ahmadabad, Surat ou Yangon – candidatam-se a ter uma população de cinco milhões de habitantes espremidos em conurbações, assim como outros nomes – Kinshasa, Abdijan ou Belo Horizonte – atualmente associados a férias exóticas, mais do que à primeira linha das batalhas pela modernização contemporânea. Os últimos a chegar na "primeira divisão" das aglomerações urbanas, praticamente já falidos ou próximos da falência, para dizer o mínimo, terão de "enfrentar em 20 anos o que Londres ou Nova York só conseguiram controlar, e com muita dificuldade, em 50 anos".[6] A adversidade que os novos gigantes terão de encarar pode fazer com que os problemas e medos que notoriamente afligem as velhas grandes cidades pareçam pequenos.

Buscar abrigo na caixa de Pandora

Nosso planeta ainda tem muita estrada a percorrer para se transformar na "aldeia global" de McLuhan. Mas as aldeias de toda parte do planeta estão se globalizando muito rapidamente. Há muitos anos, depois de ter se perguntado o que restaria do mundo rural pré-moderno, Robert Redfield chegou à conclusão de que a "cultura camponesa", embora incompleta e não autossuficiente, não pode ser definida e menos ainda compreendida de modo adequado fora da moldura de sua circunvizinhança, que compreende um centro ao qual os habitantes da aldeia estão forçosamente ligados pela troca de serviços. Cem anos depois, podemos dizer que a única moldura que deve enquadrar todas as realidades rurais, se quisermos descrevê-las e compreendê-las de maneira apropriada, é a moldura do *planeta*. Incluir nesse quadro uma cidade vizinha, por maior que seja, de nada adiantaria. Aldeia e cidade são o terreno no qual se confrontam forças que as superam, assim como os processos que tais forças acionam e que ninguém – não somente os camponeses e moradores das cidades, mas também aqueles que deram início ao processo – pode compreender e menos ainda controlar. O velho provérbio "os homens atiram, mas é Deus quem fornece as balas" deveria ser atualizado: os camponeses e os citadinos podem até começar a lançar mísseis, mas é o mercado global que irá fornecê-los.

No dia 24 de maio de 2002 – na coluna Countryside Commentary –, o jornal *Corner Post* publicou um artigo de Elbert van Donkersgoed (conselheiro para estratégias políticas da Christian Farmers Federation of Ontario, Canadá), cujo título era: "O efeito colateral da globalização".[7] "A cada ano produzimos mais alimento com menos gente e com uma exploração mais prudente dos recursos", observa Van Donkersgoed. "Os agricultores operam de modo mais refletido, investindo em tecnologias que economizam mão de obra e no gerenciamento voltado para a obtenção de qualidade." Cada vez é preciso menos gente para produzir. Entre fevereiro de 1998 e fevereiro de 2002, desapareceram das estatísticas de Ontário 35 mil trabalhadores que o "progresso tecnológico" tornou supérfluos, substituídos por novas tecnologias, melhores que as precedentes (pois são capazes de reduzir ainda mais a mão de obra). Contudo, a questão é que não há sinal de maior opulência, embora a adequação aos padrões definidos pelos manuais de economia e à "lógica do mundo" tenha trazido melhorias extraordinárias na produtividade e possa ter enriquecido a Ontário rural e incrementado os lucros de seus agricultores.

Van Donkersgoed conclui dizendo explicitamente a única coisa que poderia declarar: "As vantagens derivadas dos lucros da produtividade agrícola estão se acumulando em outro lugar na economia. Por quê? Globalização."

Buscar abrigo na caixa de Pandora

Como observa ele, a globalização gerou "uma estrutura feita de fusões e aquisições por parte das empresas que fornecem insumos às fazendas. ... A argumentação de que 'tudo isso é necessário se quisermos ser competitivos no plano internacional' pode ser verdadeira, mas tais fusões levaram também a manobras monopolistas" que "se apropriaram das vantagens derivadas dos lucros provenientes da produtividade das fazendas". "As grandes corporações", prossegue Van Donkersgoed, "tranformam-se em gigantescos predadores que se apoderam do mercado. Podem usar seu poder econômico, e o fazem, para obter dos agricultores tudo o que pretendem. O comércio espontâneo – troca de mercadorias entre iguais – está cedendo vez a uma economia agrícola de tipo *comando-e-controle*".[8]

Agora, vamos nos deslocar alguns milhares de quilômetros a sudeste de Ontário, para a Namíbia, segundo as estatísticas, um dos países africanos de maior bem-estar econômico. Como relata Keen Shote,[9] na última década, a taxa percentual da população rural da Namíbia (tradicionalmente um país de camponeses) diminiu bruscamente, enquanto a população da capital, Windhoek, duplicou. O excedente de população agrícola deslocou-se para as favelas que se espalharam ao redor da capital relativamente abastada, atraída "não por algo real, mas por uma esperança", dado que "agora a oferta de trabalho é inferior à demanda". "Se compararmos a quantidade de gente que se deslocou para Windhoek com a expansão de sua economia urbana, podemos concluir que, na verdade, deve haver um grande número de pessoas que nada ganham." Foi o que descobriu Bruce Frayne, planejador de áreas urbanas desse país e pesquisador (entre outras coisas, ganhou um prêmio da Queen's University of Canada). A Namíbia agrícola está liberando um excesso de mão de obra enquanto o crescimento dos recursos financeiros da Namíbia urbana é insuficiente para acolher esses "sobrantes". Por algum motivo, os lucros extras prometidos pelo crescimento da produtividade na agricultura não permaneceram nas regiões agrícolas e também não foram para as cidades. Segundo Van Donkersgoed, poderíamos nos perguntar por quê, e teríamos de responder exatamente como ele: globalização.

Naqueles lugares do planeta que sofrem as pressões da globalização, "as cidades transformaram-se em campos de refugiados para os que foram expulsos da agricultura", observa Jeremy Seabrook,[10] que em seguida descreve a vida urbana que os expulsos da vida rural parecem encontrar: sem ninguém que lhes ofereça trabalho, transformam-se em condutores de riquixá ou empregados domésticos; compram algumas bananas e colocam no chão, na esperança de vendê-las; transformam-se em carregadores de malas ou serventes. Estamos falando da economia informal: na Índia, menos de 10% da população tem um emprego regular, e esse percentual se reduz pela privatização das empresas estatais.

Como indica Nan Ellin,[11] uma das mais perspicazes analistas das tendências urbanas contemporâneas, proteger do perigo "sempre esteve entre os principais estímulos para construir cidades, cujos confins – das antigas aldeias mesopotâmicas às aldeias dos nativos norte-americanos – eram definidos muitas vezes por extensos muros ou cercas". Os muros, os fossos, as paliçadas assinalavam o limiar entre "nós" e "eles", entre ordem e caos, paz e guerra: os inimigos eram mantidos do outro lado e não podiam se aproximar. Contudo, "depois de ter sido relativamente segura", nos últimos 100 anos a cidade se transformou em um lugar que faz pensar "mais no perigo que na segurança". Hoje, com uma singular reviravolta em seu papel histórico – e a despeito das intenções ou expectativas originais –, nossas cidades, em vez de constituírem defesas contra o perigo, estão se transformando em perigo". Diken e Laustsen[12] chegam a sugerir que o milenar "vínculo entre civilização e barbárie se inverteu. A vida nas cidades está se convertendo em um estado de natureza caracterizado pela regra do terror e pelo medo onipresente que a acompanha".

Podemos dizer que as fontes do perigo atingiram agora o coração da cidade. Os amigos e os inimigos – sobretudo os misteriosos e incompreensíveis estrangeiros que oscilam ameaçadoramente entre esses dois extremos – misturam-se, confundem-se nas ruas da cidade. A guerra à insegurança, aos riscos e aos perigos está em curso *dentro* da cidade; nela, os campos de batalha são nitidamente delimitados, e as linhas de frente são "demarcadas". Embora assumam formas muito diversas, e seus designers se esforcem para assimilá-las ao panorama das cidades – "normalizando" o estado de emergência no qual os moradores, viciados em segurança, vivem o dia a dia –, as trincheiras fortificadas e os *bunkers* destinados a separar e manter distantes os estrangeiros, barrando seu acesso, se transformam rapidamente num dos traços mais visíveis da cidade contemporânea.

A forma mais comum de baluarte defensivo é representada pelas *gated communities*, com os indefectíveis guardas armados e câmeras de controle (parece óbvio que os folhetos dos agentes imobiliários e os hábitos dos moradores ressaltem antes a primeira palavra – "murada" – e não a segunda, "comunidade"). Nos Estados Unidos, as *gated communities* são mais de vinte mil, e sua população supera os 8 milhões de pessoas. O significado de *gate* complica-se a cada ano; há, por exemplo, um condomínio californiano chamado Desert Island, circundado por um fosso de dez hectares. Brian Murphy construiu para Dennis Hopper, em Venice, uma casa com uma espécie de *bunker*, cuja fachada de metal ondulado não tem janelas. O mesmo arquiteto projetou outra casa de luxo em Venice entre os muros de uma velha estrutura em ruínas, recobrindo-a de grafites semelhantes aos dos arredores, de forma a camuflá-la.

Projetar e construir casas não vistosas é uma tendência cada vez mais difundida na arquitetura urbana governada pelo medo. Outra é a intimidação, obtida com exteriores hostis – cujo aspecto, semelhante ao de uma fortaleza, fica ainda mais desconcertante e constrangedor com a profusão de vistosas guaritas (*checking-points*) para guardas uniformizados – ou com a insolente e descarada ostentação de ornamentos provocadores e caros.

A arquitetura do medo e da intimidação espalha-se pelos espaços públicos das cidades, transformando-a sem cessar – embora furtivamente – em áreas extremamente vigiadas, dia e noite. A inventividade não tem limites nesse campo. Nan Ellin menciona alguns engenhos, na maioria de origem norte-americana, mas amplamente imitados, "à prova de mendigos": bancos de forma mais ou menos cilíndrica que contêm sistemas de irrigação e foram colocados nos parques de Los Angeles (Copenhague foi além, eliminando todos os bancos da estação central e obrigando os passageiros à espera de baldeação a se acomodarem no chão); ou sistemas de irrigação combinados a um ensurdecedor estrondo de música eletrônica, muito úteis para afastar desocupados e vagabundos dos arredores dos *discounts*.*

Os escritórios das sedes centrais das corporações e grandes magazines – que não há muito tempo eram os maiores fornecedores e os centros de atração dos espaços públicos urbanos – agora se animam em trocar o centro das cidades por ambientes artificiais, criados *ex novo*, dotados de algumas ridículas quinquilharias urbanas: lojas, restaurantes e alguns poucos apartamentos, ali construídos para dissimular o cuidado com que os maiores atrativos das cidades – sua espontaneidade, flexibilidade, capacidade de surpreender e de oferecer aventuras (todos os motivos pelos quais o *Stadtluft* (o ar da cidade) era considerado *frei machen* (libertador) – são eliminados e exorcizados.

Exemplo dessa tendência plena de símbolos é a avenida beira-mar de Copenhague, imponente, mas decididamente não acolhedora. Os escritórios das grandes corporações, fortificados demais e escrupulosamente cercados, foram concebidos – como os muros cegos de La Défense – para serem admirados de longe, mas não visitados. Sua mensagem é clara e inaceitável: aqueles que trabalham para as corporações dentro de edifícios como esses habitam o *ciberes-*

---

* Estabelecimentos que vendem mercadorias e serviços a preços populares. (N.T.)

paço global; sua ligação física com o espaço da cidade é superficial, acidental e frágil; a soberba e presunçosa grandiosidade da fachada monolítica, com poucas portas de entrada cuidadosamente dissimuladas, anuncia exatamente isso. Os *insiders* estão *in*,[13] mas não são originários do local em que foram edificados seus escritórios. Seus interesses não se referem mais à cidade em que armaram suas tendas por um certo tempo; o único "serviço" que pedem aos antigos cidadãos é que os deixem em paz. Pedindo pouco, não se sentem obrigados a dar mais que isso em troca.

Richard Rogers,[14] um dos mais prestigiosos e aclamados arquitetos ingleses, deu o seguinte aviso aos participantes de um congresso sobre planejamento urbano que teve lugar em Berlim, em 1990: "Se apresentarem um projeto a um investidor, ele dirá imediatamente: 'Que necessidade há de árvores, de portões?' Os construtores estão interessados apenas no espaço dos escritórios. Se não conseguirem garantir que o edifício amortizará seu próprio custo no período máximo de dez anos, podem desistir." Rogers descreve Londres — onde aprendeu essa amarga lição — como "uma cidade politicamente paralisada, que está cada vez mais nas mãos dos construtores". Quando se trata de renovações verdadeiramente significativas do espaço urbano — como a reforma dos canteiros navais de Londres, os mais importantes da Europa —, os projetos são aprovados com um número de votos inferior ao necessário à autorização de "uma placa luminosa para uma loja de *fish and chips* no East India Dock Road". O espaço público foi a primeira vítima colateral de uma cidade que perde a árdua luta enfrentada para resistir ao avanço inexorável do Moloc da globalização, ou pelo menos para diminuí-lo. Assim, Rogers conclui que "temos absoluta necessidade de uma instituição que proteja o espaço público".

Mais fácil falar do que fazer. Onde procurar uma instituição assim? Mesmo que a encontrássemos, como poderia estar à altura de sua tarefa?

Pelo menos até agora, os documentos relativos ao planejamento urbano não são, em toda a sua complexidade, encorajadores. Sobre o destino do planejamento urbano de Londres, por exemplo, John Reader, seu eficiente "biógrafo", tem algo a dizer: "A ordem social e a distribuição da população londrina estavam mudando, mas de uma forma que não correspondia às previsões nem aos ideais dos planejadores. É um exemplo clássico de como o fluxo econômico, social e cultural pode contradizer – e até invalidar – as ideias e teorias que os planejadores têm defendido."[15]

Nas primeiras três décadas do pós-guerra, Estocolmo acolheu e adotou fervorosamente a convicção dos grandes visionários da mentalidade moderna e modernista de que, dando formato diverso ao espaço ocupado pelas pessoas, era possível melhorar a forma e a natureza de sua sociedade. A capital da Suécia chegou mais perto que qualquer outra grande cidade da realização da *utopia social-democrata*. As autoridades municipais de Estocolmo garantiram a cada um de seus habitantes uma moradia adequada e também um inventário completo de comodidades que embelezavam a vida e forneciam uma existência totalmente protegida.

Contudo, depois de 30 anos, o humor das pessoas começou a mudar, e os planejadores realmente não esperavam por isso. De modo irônico, os benefícios da ordem planejada foram colocados em dúvida justamente pelas pessoas (os jovens) que tinham nascido naquele espaço dotado de novas formas, construído com a intenção de tornar mais feliz a vida de quem o habitava. Os moradores da cidade, sobretudo os jovens de Estocolmo, recusaram a "previsão total", o fato de tudo ter sido levado em conta, tudo ter sido providenciado nas moradias comunais, e atiraram-se de cabeça nas águas turbulentas do mercado de casas particulares. O resultado da grande fuga – afinal pouco satisfatória, como descobriu Peter Hall – foi que acabaram em "casas amontoadas em fileiras tediosas, uniformes, que recordavam os piores subúrbios dos Estados Unidos".[16] "Mas a demanda era grande, e, portanto, as casas foram vendidas com facilidade."

A insegurança alimenta o medo: não há novidade, portanto, no fato de que a guerra à insegurança tenha grande destaque na lista das prioridades dos planejadores urbanos. Eles acreditam – e, quando perguntados, reafirmam isso – que deveria ser assim mesmo. O problema, porém, é que, com a insegurança, estão destinadas a desaparecer das ruas da cidade a espontaneidade, a flexibilidade, a capacidade de surpreender e a oferta de aventura, em suma, todos os atrativos da vida urbana. A alternativa à insegurança não é a beatitude da tranquilidade, mas a maldição do tédio. É possível derrotar o medo e ao mesmo tempo suprimir o tédio? Podemos suspeitar que esse seja o maior dilema que arquitetos e planejadores têm de enfrentar, um dilema para o qual ainda não foi encontrada uma solução convincente, adequada e indiscutível; uma questão à qual não se pode dar resposta totalmente satisfatória. No entanto, é um problema que (talvez exatamente por isso) continuará a levar arquitetos e planejadores a experimentações cada vez mais radicais e a saídas cada vez mais audaciosas.

Desde o início, as cidades foram lugares onde os estrangeiros viviam em estreito contato com os outros, embora permanecessem estrangeiros. A companhia de estrangeiros é sempre "inquietante" (embora nem sempre temida), uma vez que faz parte da natureza do estrangeiro – à medida que se distingue tanto do amigo quanto do inimigo – o fato de que suas intenções, sua mentalidade e o modo como reage às situações que deve compartilhar conosco não são conhecidos, ou não tão conhecidos a ponto de tornar seu comportamento previsível. Uma reunião de estrangeiros equivale a uma radical e insanável *imprevisibilidade*.

Poderíamos também colocar a questão da seguinte maneira: o estrangeiro representa um *risco*. Não existe risco sem pelo menos uma forma residual de medo de sofrer algum dano ou derrota; por outro lado, quem não arrisca não petisca. Por isso, as situações muito arriscadas não poderiam deixar de ser percebidas como radicalmente ambíguas e de provocar, vez por outra, reações e comportamentos ambivalentes. As situações de risco tendem a atrair e ao mesmo tempo repelir, e o momento em que uma determinada reação se transforma em seu oposto é bastante inconstante e impalpável: é praticamente impossível identificá-la e, mais ainda, fixá-la.

Um espaço é "público" à medida que permite o acesso de homens e mulheres sem que precisem ser previamente *selecionados*. Nenhum *passe* é exigido, e não se registram entradas e saídas. Por isso, a presença num espaço público é anônima, e os que nele se encontram são estranhos uns aos outros, assim como são desconhecidos para os empregados da manutenção. Os espaços públicos são os lugares nos quais os estrangeiros se encontram. De certa forma eles condensam – e, por assim dizer, encerram – traços distintivos da vida urbana. É nos locais públicos que a vida urbana e tudo aquilo que a distingue das outras formas de convivência humana atingem sua mais completa expressão, com alegrias, dores, esperanças e pressentimentos que lhes são característicos.

Por esse motivo, os espaços públicos são locais em que atração e rejeição se desafiam (suas proporções são variáveis, sujeitas a mudanças rápidas, incessantes). Trata-se, portanto, de locais vulneráveis, expostos a ataques maníaco-depressivos ou esquizofrênicos, mas são também os únicos lugares em que a atração tem alguma possibilidade de superar ou neutralizar a rejeição. Trata-se, em outras palavras, de locais onde se descobrem, se aprendem e sobretudo se praticam os costumes e as maneiras de uma vida urbana satisfatória. Os locais públicos são os pontos cruciais nos quais o futuro da vida urbana é decidido neste exato momento. Uma vez que a maioria da população planetária é formada de moradores de cidades, ela é também o futuro da coabitação planetária.

Eu gostaria de ser mais exato: não falo de todos os espaços públicos, mas apenas daqueles que não se rendem à ambição modernista de anular as diferenças nem à tendência pós-moderna de cristalizá-las por meio da separação e do estranhamento recíprocos. São esses espaços públicos que, reconhecendo o valor criativo das diversidades e sua capacidade de tornar a vida mais intensa, encorajam as diferenças a empenhar-se num diálogo significativo.

Para citar mais uma vez Niam Ellin, "depositando confiança justamente na diversidade (de gente, de atividades, de convicções etc.) para prosperar", os espaços públicos tornam possível integrar (ou reintegrar) "sem anular as diferenças, ou, antes, exaltando-as. O medo e a insegurança são mitigados pela conservação das diferenças e também pela possibilidade de mover-se livremente pela cidade". A tendência a retirar-se dos espaços públicos para refugiar-se em ilhas de "uniformidade" acaba se transformando no maior obstáculo para viver com a diferença, e, desse modo, enfraquece os diálogos e os pactos. Com o passar do tempo, a *exposição à diferença* transforma-se em fator decisivo para uma convivência feliz, fazendo secar as raízes urbanas do medo.

Desde que as coisas foram abandonadas à própria sorte, de modo descontrolado, sentimos que cresce o perigo de que o espaço público se reduza ao "espaço inutilizável que restou entre *bolsões* de espaço privado", como mostra de maneira eloquente Jonathan Manning, do South-Africa Ikemeleng Architects.[17] Nesse árido espaço residual, as interações humanas se reduzem a um conflito entre automóveis e pedestres, possuidores e despossuídos, quer se trate de pedir esmolas e vender quinquilharias no sinal, de colisões entre veículos e pedestres indisciplinados, de furtos cometidos quebrando janelas ou de roubos de veículos. Coligando espaços privados e espaços públicos estão as vitrines das lojas que vendem bens de consumo, ou seja, elaborados mecanismos defensivos destinados a manter as pessoas afastadas: portarias, muros, *razor wire*,[18] cercas eletrificadas.

Manning conclui sua análise com os votos de que aconteça "um deslocamento do interesse que faça com que passemos do planejamento de espaços privados para o planejamento de um espaço público mais amplo, que seja ao mesmo tempo fruitivo e estimulante. ... É necessário criar uma variedade de usos alternativos, agindo como catalisadores, e não como barreiras para a interação humana". Nan Ellin resume sua pesquisa falando da necessidade de uma "urbanística integral", de uma abordagem que acentue "conexão, comunicação e celebração". E acrescenta: "Estamos diante da tarefa de construir cidades que sejam capazes de alimentar as comunidades e o ambiente que, afinal, nos sustentam. Não é tarefa fácil. Mas é essencial."

Não pode mais haver dúvida quanto à sabedoria e à urgência de apelos como estes. Só resta enfrentar essa tarefa – evidentemente "difícil", e no entanto essencial. É uma das tarefas mais árduas, quando se considera a rápida globalização do planeta, mas deve ser enfrentada sem meios-termos, com a máxima urgência e tendo em vista mais que o conforto dos habitantes da cidade. Como descobriu Lewis H. Morgan, muito tempo atrás,[19] a arquitetura "fornece um testemunho exaustivo do progresso da barbárie para a civilização".

Gostaria de acrescentar: hoje compreendemos que esse "progresso para a civilização" não é uma conquista, mas uma permanente luta cotidiana. Combate jamais totalmente vitorioso, que muito provavelmente não alcançará sua meta, mas que continua a ser encorajado pela esperança de vencer.

· 3 ·

Viver com estrangeiros*

Senhoras e senhores,

Envergonho-me um pouco de mim mesmo, de minha profissão. Sou alguém que fala a respeito de coisas, e agora estou diante de pessoas que fazem coisas de verdade, fazem com que elas aconteçam. Portanto, tentarei ser breve para não lhes roubar muito tempo, mesmo porque não seria possível falar de modo exaustivo sobre o tema que nos preocupa: ver, reconhecer e resolver os problemas da convivência. Viver numa cidade significa viver junto – junto com estrangeiros. Jamais deixaremos de ser estrangeiros: permaneceremos assim, e não interessados em interagir,

---

* Transcrição de conferência proferida por Zygmunt Bauman no congresso Confiança e Medo na Cidade, que teve lugar em Milão, em março de 2004.

mas, justamente porque somos vizinhos uns dos outros, destinados a nos enriquecer reciprocamente.

Senhoras e senhores, gostaria de falar de um paradoxo absolutamente relevante nos nossos dias, um paradoxo – volto a sublinhar – lógico, e não psicológico. Ele não é válido do ponto de vista psicológico, mas certamente o é do ponto de vista lógico. Trata-se do seguinte: quanto mais o espaço e a distância se reduzem, maior é a importância que sua gente lhe atribui; quanto mais é depreciado o espaço, menos protetora é a distância, e mais obsessivamente as pessoas traçam e deslocam fronteiras. É sobretudo nas cidades que se observa essa furiosa atividade de traçar e deslocar fronteiras entre as pessoas.

Fredrik Barth, o grande antropólogo norueguês contemporâneo, destacou que – ao contrário da equivocada opinião comum – as fronteiras não são traçadas com o objetivo de separar diferenças. Ao contrário, justamente porque se demarcam fronteiras é que, de repente, as diferenças emergem, que as percebemos e nos tornamos conscientes delas. Melhor dizendo, vamos em busca de diferenças justamente para legitimar as fronteiras.

Pois bem, senhoras e senhores, olhem bem ao redor – olhem à direita, à esquerda, para trás e para a frente –, e verão outros indivíduos, sentados como os senhores e as senhoras. Desafio-os a encontrar alguém que seja exatamente igual a cada um de vocês. Somos feitos apenas de diferenças, todos nós; existem milhares de homens e mulheres no planeta, mas cada um deles é diverso dos outros. Não existem indivíduos totalmente idênticos, isso é impossível. Existimos porque somos diferentes, porque consistimos em diferenças. No entanto, algumas delas nos incomodam e nos impedem de interagir, de atuar amistosamente, de sentir interesse pelos outros, preocupação com os outros, vontade de ajudar os outros. E, não importam quais sejam essas diferenças, o que as determina é a natureza das fronteiras que traçamos. Cada fronteira cria suas diferenças, que são fundamentadas e relevantes.

Por isso, se queremos compreender as nossas diferenças e as dificuldades que criam, é preciso formular novas questões. Antes de tudo, por que essa obsessão em demarcar fronteiras? A resposta é que, hoje, essa obsessão deriva do desejo, consciente ou não, de recortar para nós mesmos um lugarzinho suficientemente confortável, acolhedor, seguro, num mundo que se mostra selvagem, imprevisível, ameaçador; de resistir à corrente, buscando proteção contra forças externas que parecem invencíveis e que não podemos controlar, nem deter, e menos ainda impedir que cheguem perto de nossas casas, de nossas ruas. Seja qual for a natureza dessas forças, todos as conhecemos pelo nome – esclarecedor, mas desviante – de globalização, ou (como preferia um amigo meu, Alberto Melucci) "planetarização".

Hoje, neste planeta, todos dependemos uns dos outros. No entanto, ninguém assume a responsabilidade, ninguém detém o controle do que chamamos "espaço global". Quando se pensa nesse espaço, o que nos vem à mente é algo semelhante a um faroeste hollywoodiano, a um oeste selvagem em que as pessoas se comportam de maneira inesperada, e onde, na verdade, os vencedores são os que escapam primeiro do campo de batalha, e não os que nele permanecem. É um espaço selvagem, e os milaneses – com os meios de que dispõem – certamente não poderiam se opor ao espaço global, que está fora de seu controle.

Permitam-me organizar um pouco as coisas. As diferenças que se tornam significativas e importantes em decorrência da natureza da fronteira, e as intenções que estão por trás dessa fronteira, são diferenças atribuídas a pessoas que demonstram a indecente tendência a ultrapassar as fronteiras e aparecer de surpresa em locais para os quais não foram convidadas; um tipo de gente do qual muitos de vocês se defenderiam com circuitos fechados de televisão, se mais não fosse, para ver quem está passando na rua.

Em meu país, a Inglaterra, existem agências de vigilância. Sabemos que os vigilantes do bairro estão de serviço durante certo número de horas por dia e que controlam as ruas nas quais os estrangeiros costumam passar. Ora, os estrangeiros que não são do lugar tornam-se os mais importantes portadores daquele tipo de diferença que devemos evitar. Mas que espécie de estrangeiros são eles? Para explicar seu ambiente e sua origem, devemos recordar, antes de mais nada, que as cidades, nas quais vive atualmente mais da metade do gênero humano, são de certa maneira os depósitos onde se descarregam os problemas criados e não resolvidos no espaço global. São depósitos sob muitos aspectos. Existe, por exemplo, o fenômeno global de poluição do ar e da água, e a administração municipal de qualquer cidade deve suportar suas consequências, deve lutar apenas com os recursos locais para limpar as águas, purificar o ar, conter as marés. O hospital do bairro onde vocês moram pode estar em crise, e essa crise reflete tais problemas, as preocupações financeiras; reflete o desconhecido e remoto conflito em curso entre os colossos farmacêuticos, que têm se batido pelos chamados "direitos de propriedade intelectual", que colocam no mercado determinados fármacos e tratam logo de aumentar os preços, de tal modo que o seu hospital não consegue mais cuidar dos pacientes.

Também o terrorismo global vem desse oeste selvagem, do incontrolável espaço global. Mas, no fim, foram os bombeiros locais que enfrentaram os efeitos do ato ter-

Viver com estrangeiros

rorista do 11 de Setembro em Nova York; os policiais e os bombeiros de Madri é que foram chamados para tentar salvar as vítimas do atentado contra a estação ferroviária. Tudo recai sobre a população local, sobre a cidade, sobre o bairro. Definitivamente, ao impor a rápida modernização de lugares muito distantes, o grande mundo do livre mercado, da livre circulação financeira, criou uma enorme quantidade de gente "supérflua", que perdeu todos os meios de sustento e não pode continuar a viver como seus antepassados. São indivíduos obrigados a deslocar-se, a deixar os lugares onde são considerados refugiados para se transformar em imigrantes econômicos, imigrantes que, em seguida, vão para outra cidade. Mais uma vez são os recursos locais que têm de resolver como acomodá-los.

Eles vêm para a cidade e transformam-se em símbolos dessas misteriosas – e por isso mesmo inquietantes – forças da globalização. Vêm sabe-se lá de onde e são – como diz Bertolt Brecht – *"ein Bote des Unglücks"*, mensageiros de desventuras. Trazem consigo o horror de guerras distantes, de fome, de escassez, e representam nosso pior pesadelo: o pesadelo de que nós mesmos, em virtude das pressões desse novo e misterioso equilíbrio econômico, possamos perder nossos meios de sobrevivência e nossa posição social. Eles representam a fragilidade e a precariedade da condição humana, e ninguém quer se lembrar dessas coisas horríveis todos os dias, coisas que preferiríamos esquecer. Assim, por inúmeros motivos, os imigrantes tornaram-se os principais portadores das diferenças que nos provocam medo e contra as quais demarcamos fronteiras. Mas eles não são os únicos. Saibam – senhoras e senhores – que, desde o início, a modernidade produziu "gente supérflua" – no sentido de que é inútil, de que suas capacidades produtivas não podem ser exploradas de maneira profícua. Para falar de forma mais brutal, sem meios-termos, para as "pessoas de bem", seria melhor que essas outras pessoas desaparecessem de vez. É uma gente sem perspectivas, que nenhum esforço de imaginação poderia introduzir numa sociedade organizada. A indústria moderna (aquela que construía uma ordem e que representava o chamado "progresso econômico") produziu gente supérflua. A construção de uma ordem leva sempre à liquidação dos supérfluos, pois – se querem que as coisas estejam em ordem, se querem substituir a situação atual por uma ordem nova, melhor e mais racional – vocês acabarão por descobrir que certas pessoas não podem fazer parte dela, e, portanto, é preciso excluí-las, cortá-las fora. Sim, o progresso econômico. Mas o que é, em substância, o progresso econômico? Seu mito se reduz a isso: poder fazer qualquer coisa com menos esforço, menor fadiga e gastando menos. Conseguir isso equivale a tornar supérfluos e economicamente inviáveis certos modos de fazer as coisas. Com isso, as pessoas que garantiam a própria sobrevivência dessa forma se tornam, por sua vez, supérfluas. Essa não é uma história nova. Sempre, e em todo lugar, desde o início da modernidade, existe gente supérflua ao nosso redor. Mas agora há uma diferença. Saibam, pois, que a modernização, esse novo estilo de vida que produz gente supérflua, antes estava limitada a algumas zonas da Europa, era um privilégio. Nessa época, o resto do mundo podia servir de depósito para a superfluidade produzida de início na Europa e depois em suas ramificações. A população supérflua da Europa que se modernizava, no curso do século XIX, era descarregada em terras desertas: América do Norte, sul da África, Austrália, Nova Zelândia, que dispunham de territórios inabitados, pois as pessoas que ali viviam não contavam, eram fracas, selvagens, eram gente a ser colocada na lista dos obstáculos.

Pois bem, a modernidade venceu, e celebramos o triunfo mundial do moderno estilo de vida: livre mercado, economia e consumo livres – e McDonald's para todos. Mas isso significa que hoje não se produz gente supérflua apenas na Europa, para depois descarregá-la no resto do mundo. Ela é produzida em toda parte, pois o modelo produtivo moderno se afirma em todos os países.

Essas pessoas vêm para cá como fizeram antes nossos progenitores, nossos avós e bisavós, que arrumaram suas malas e emigraram de cidades superpovoadas da Alemanha, Suécia, Polônia ou Rússia para os Estados Unidos, o Canadá, a América do Sul, e assim por diante. Agora elas fazem a mesma coisa na direção oposta, e desembarcam em Milão, Copenhague e muitas outras cidades, buscando as mesmas coisas que nossos progenitores buscavam, ou seja, pão e água, pois também querem viver. E são essas cidades – como Milão, Copenhague, Estocolmo, Paris –, já bastante populosas, que devem encontrar um modo de alojá-los etc. É esse o tipo de estrangeiro que mais assusta as cidades contemporâneas, pelos motivos que tentei expor.

Mas eles não são os únicos, uma vez que nós também temos nossos "supérfluos", gente que não podemos mandar para outros lugares, pois não há como fazê-lo: o planeta está cheio, não há mais espaços vazios, e portanto nossos supérfluos ainda estão entre nós. Houve um tempo em que os indivíduos eram considerados apenas provisoriamente supérfluos, uma época na qual se dizia que eram desempregados. "Desempregado" é uma palavra enganosa, pois sugere mais do que realmente diz. Estar desempregado significa que a regra, para os seres humanos, é estar empregado; portanto, estar desempregado é um incidente, uma coisa bizarra, anômala, que é preciso enfrentar. Mas agora, cada vez com maior frequência, podemos ouvir algumas pessoas dizerem que outras são supérfluas – não desempregadas, mas supérfluas. Como todos sabem, o conceito de superfluidade não implica qualquer promessa de melhora, de remédio, de indenização. Não, nada disso. Uma vez supérfluo sempre supérfluo. Há uma palavra cruel, desumana, que foi inventada nos Estados Unidos, mas difundiu-se pela Europa como um violento incêndio: *underclass*, ou subclasse. Ser *underclass* significa estar definitivamente fora do sistema de classes; portanto, não é alguém de uma classe inferior, alguém que está lá embaixo, para quem – observem – ainda existe uma escada, e podemos acreditar que conseguirá subi-la, se receber ajuda. Ser *underclass* significa estar fora, excluído, não servir para nada. A única função positiva que a *underclass* pode desempenhar é induzir as pessoas decentes, as pessoas comuns, a se agarrarem ao tipo de vida que vivem, pois a alternativa é horrível demais para que sequer se possa levá-la em consideração. A alternativa é cair na *underclass*.

Nos períodos de depressão econômica, todos ouvem os políticos dizerem que esperam uma retomada do consumo, o que significa que você, cidadão normal, com uma conta no banco e alguns cartões de crédito, deve entrar nas lojas e comprar mercadorias *a crédito*, pois a partir daí será possível recomeçar, todos ricos e felizes. Mas quem é da *underclass* não tem conta em banco, cartões de crédito e não compra mercadorias que possam gerar lucro: ao contrário, ele precisa de mercadorias que exigem subsídios, e não lucros, e portanto não estará entre os consumidores que encontrarão um modo de sair da crise nem participará da retomada econômica. Por isso, para a sociedade, seria muito melhor se o *underclass* desaparecesse de uma vez por todas.

Existe portanto nas cidades essa dupla pressão e a tendência a construir muros. Já falei de fronteiras, de demarcar fronteiras, de criar áreas seguras dentro da cidade, áreas distantes daquelas em que "não se deve ir", para as quais Steven Flusty – o jovem e promissor sociólogo americano da vida urbana – cunhou um termo muito feliz: "espaços vedados". Vedados porque desencorajam as pessoas a ficar por perto ou impedem sua entrada. Segundo ele, são a expressão mais rendosa da arquitetura urbana nos Estados Unidos de hoje, seu produto mais importante. As tecnologias que servem para impedir o acesso e manter as pessoas à distância representam nesse momento o setor mais vanguardista dessa arquitetura.

Não riam, senhoras e senhores. Sabemos muito bem que nos Estados Unidos tudo pode acontecer, mas a mesma coisa ocorre também na velha Europa, provavelmente bem aqui em nossas cidades. Esses condomínios, as *gated commu-*

Viver com estrangeiros

nities, em que não se pode entrar sem ter sido previamente convidado, que têm guardas armados 24 horas do dia, circuito interno de televisão etc., não passam de um reflexo dos guetos *involuntários* nos quais os *underclass*, os refugiados e os recentes imigrantes foram atirados. Os nossos guetos *voluntários* – sim, voluntários – são resultado da vontade de defender a própria segurança procurando somente a companhia dos semelhantes e afastando os estrangeiros.

Richard Sennett, sociólogo anglo-americano de grande visão, oferece as conclusões a que chegou em sua cuidadosa pesquisa sobre a experiência norte-americana: o fenômeno que consiste em buscar cada vez mais a companhia dos semelhantes deriva da relutância em olhar profunda e confiantemente para o outro e empenhar-se reciprocamente de modo íntimo e profundo, de modo humano. E descobriu que, quanto mais as pessoas se isolam nessas comunidades muradas feitas de homens e mulheres semelhantes a eles mesmos, menos são capazes de lidar com os estrangeiros; e quanto menos são capazes de tratar com os estrangeiros, mais têm medo deles. Por isso, procuram cada vez mais avidamente a companhia de seus semelhantes. Em suma, giram em círculos – um círculo vicioso que não se consegue romper.

Quis sublinhar aqui que as cidades são depósitos nos quais se procura desesperadamente soluções locais para problemas que foram produzidos pela globalização. Gostaria, porém, de acrescentar outras duas considerações. Certo, as cidades são depósitos, mas também são campos de batalha e laboratórios. Campos de batalha para quê? Para a luta entre mixofilia e mixofobia, termos não muito comuns, mas que são autoexplicativos. A mixofilia é um forte interesse, uma propensão, um desejo de misturar-se com as diferenças, com os que são diferentes de nós, pois é muito humano, natural e fácil de entender que se misturar com os estrangeiros abre a vida para aventuras de todo tipo, para as coisas interessantes e fascinantes que poderiam acontecer. Talvez assim se viva algo precioso, algo que não se conhecia antes daquele momento. E é possível fazer novos amigos, bons amigos, que estarão conosco pela vida inteira. Mas isso seria impensável numa pequena e imóvel aldeia na qual cada um sabe o que todos os outros estão cozinhando, ninguém surpreende ninguém, e em que não se espera que aconteça algo de interessante.

Era isso que atraía na cidade, era por isso que as pessoas deslocavam-se em massa para as cidades. Há um ditado alemão, já usado nas cidades medievais: "*Stadluft macht frei*", o ar da cidade liberta. De fato, na cidade podem acontecer muitas coisas surpreendentes que não ocorrem em outros lugares.

Por outro lado, há a mixofobia. Você convive com estrangeiros e tem preconceitos em relação a eles, uma vez que o lixo global é descarregado nas ruas onde você vive; e você já ouviu falar muitas vezes dos perigos derivados da *underclass*; e ouviu dizer também que a maioria dos imigrantes é parasita de seu *welfare* e até terrorista em potencial, e que cedo ou tarde acabarão por matá-lo. Nesse caso, viver com estrangeiros é uma experiência que gera muita ansiedade. Por conseguinte, é melhor evitar essa experiência, e muitas pessoas resolveram transmitir esse "instinto de evitar" às gerações futuras, colocando seus filhos em escolas segregadas, em que podem viver imunes a esse mundo horrendo, ao impacto assustador de outras crianças provenientes de "famílias do tipo errado".

Essas duas tendências coexistem na cidade. Pessoalmente, não creio que a coexistência seja, por si só, uma solução. Por isso, o que poderemos e devemos fazer é contribuir para mudar as proporções: fazer algo para incrementar a mixofilia e diminuir a mixofobia. Certamente não se espera eliminá-la de todo. Acho que a Accademia della Carità pretende fazer exatamente isso: aumentar as possibilidades de mixofilia nas cidades. As raízes já existem, estão na natureza humana. É preciso desenvolvê-las multiplicando a oferta de alternativas.

Por fim, o que eu pretendia dizer é que essas cidades são laboratórios nos quais se descobrem, experimentam e aprendem certos requisitos indispensáveis para a solução dos problemas globais. Isso é o contrário do que eu afirmei antes, quando falei da supremacia do espaço global, que descarrega seus problemas sobre nós, sobre as pessoas do local. Agora estou falando de algo que vai no sentido oposto. Aqui, na cidade, podemos dar nossa contribuição aprendendo essa arte que será indispensável para construir uma coexistência segura, pacífica e amigável no mundo inteiro.

Falei dos emigrantes. Pois bem, graças a emigrantes provenientes de lugares remotos, o "confronto das civilizações" de que falava Samuel Huntington transformou-se provavelmente num *encontro* de vizinhos: gente de verdade, homens e mulheres – vestidos de um jeito um pouco estranho, é verdade – que podem falar italiano com um terrível sotaque, por exemplo, um sotaque bastante desagradável; gente que – sim, é verdade – pode descansar em horas diferentes das nossas e é diferente de nós sob muitos aspectos. Mas nem por isso deixam de ser seres humanos, vizinhos que, cedo ou tarde, encontraremos nos restaurantes, nas ruas, no comércio, nos escritórios, em toda parte. Reverberam sobre eles as belas palavras de Madeleine Bunting, uma jornalista britânica muito sábia. Definitivamente – diz ela – o espírito da cidade é formado pelo acúmulo de minúsculas interações cotidianas com o motorista do ônibus, os outros passageiros, o jornaleiro, o garçom do café; das poucas palavras, dos cumprimentos, dos pequenos gestos que aplainam as arestas ásperas da vida urbana. Se os seres humanos aceitam e apreciam outros seres humanos e se empenham no diálogo, logo veremos que as diferenças culturais deixarão de ser um *casus belli*. É possível ser diferente e viver junto. Pode-se aprender a arte de viver com a diferença, respeitando-a, salvaguardando a diversidade de um e aceitando a diversidade do outro. É possível fazer isso cotidianamente, de modo imperceptível, na cidade. Notei que várias áreas – nas cidades inglesas dilaceradas pela guerrilha urbana – foram se transformando, pouco a pouco, em bairros normais, comuns. É quase impossível ver caminhando nas ruas pessoas que não sejam diversas na cor da pele, mas isso não as impede de conversar amigavelmente e passar algum tempo juntas.

Podemos, portanto, aprender essa arte na cidade e desenvolver certas capacidades que serão úteis não apenas no plano local, no espaço físico, mas também no plano global. E talvez, em consequência disso, estejamos mais preparados para enfrentar a enorme tarefa que temos diante de nós, gostemos ou não, e que há de marcar nossa vida inteira: a tarefa de tornar humana a comunidade dos homens.

Gostaria de terminar observando que os velhos tendem a recordar. Por isso – sendo eu um homem velho –

também posso fazê-lo. Quando eu era estudante, tive um professor de antropologia que dizia (recordo perfeitamente) que os antropólogos conseguiram identificar a aurora da sociedade humana graças à descoberta de um esqueleto fóssil, o esqueleto de uma criatura humanoide inválida, que tinha uma perna quebrada. Quebrara-a quando era ainda menino, e, no entanto, ele só tinha morrido aos 30 anos. A conclusão do antropólogo era simples: aquela devia ser uma sociedade humana, pois algo assim não aconteceria num bando de animais, em que uma perna quebrada poria um ponto final à vida, pois a criatura não teria mais condições de se sustentar.

A sociedade humana é diferente do bando de animais. Nela, alguém poderia ajudar um inválido a sobreviver. Ela é diversa porque tem condições de conviver com inválidos – tanto que poderíamos dizer, historicamente, que a sociedade humana nasceu com a compaixão e com o cuidado do outro, qualidades apenas humanas. A preocupação contemporânea está toda aí: levar essa compaixão e essa solicitude para a esfera planetária. Sei que gerações precedentes já enfrentaram essa tarefa, mas vocês terão de prosseguir nesse caminho, gostem ou não, a começar por sua casa, por sua cidade – e já.

Não consigo pensar em nada mais importante que isso. É por aí que devemos começar.

· Notas ·

1. Confiança e medo na cidade *(p.13-51)*

1. Castel, R., *L'Insécurité sociale: que'est-ce qu'être protegé?*, Paris, Seuil, 2003, p.5 (trad. bras., *A insegurança social: o que é ser protegido?*, Rio de Janeiro, Vozes, 2005).
2. Freud, S. *Civilization and its Discontents*, Londres, Penguin Books, 2002, vol.12, p.274s (trad. bras., *O mal-estar na civilização*, Rio de Janeiro, Imago, 1997).
3. Castel, op.cit., p.6.
4. Ibid., p.22
5. Ibid, p.46.
6. Cf. Bauman, Z., *The Individualized Society*, Cambridge, Polity Press, 2001 (trad. bras. *A sociedade individualizada*, Zahar, 2008).
7. Cf. Castel, op.cit., p.47s.
8. G, Gumpert e S.J. Drucker, "The Mediated Home in the Global Village", *Communication Research*, vol.25, n.4, ago 1998, p.422-38.
9. Graham, S. e S. Marvin, *Splintering Urbanism: Networked Infrastructures, Technological Mobilities and the Urban Condition*, Nova York, Routledge, 2001, p.285.
10. Ibid, p.15.
11. Schwarzer, M., "The Ghost Wards: The Flight of Capital from History", *Thresholds*, n.16, 1998, p.10-9.

12. Castells, M., *The informational City*, Oxford, Blackwell, 1989, p.228.
13. Smith, M.P., *Transnational Urbanism: Locating Globalization*, Oxford, Blackwell, 2001, p.54-5.
14. Cf. Friedman, D., "Were We Stand: A Decade of World City Research", in P.L. Kpnox (org.), *World Cities in a World System*, Cambridge, Cambridge University Press, 1955; D. Harvey, "From Space to Place and Back Again: Reflections on the Condition of Postmodernity", in J.B. Curtis et al. (orgs.), *Mapping the Futures: Local Cultures, Global Changes*, Londres, Routledge, 1993.
15. Castells, M., *The Information Age: Economy, Society and Culture*, vol.II, *The power of Identity*, Oxford, Blackwell, 1997, p.61.
16. Castells, M., "Grass rooting the Space of Flows", in Y. Aoyama et al. (orgs.), *Cities in the Telecommunication Age: The Fracturing of Geographies*, Nova York, Routledge, 1999, p.20-1.
17. *Transnational Urbanism*, op.cit., p.108.
18. Caldeira, T., "Fortified Enclaves: The New Urban Segregation", *Public Culture*, vol.8, n.2, 1996, p.303-28 ("Enclaves fortificados: a nova segregação urbana", *Novos Estudos Cebrap*, Cebrap, n.47, mar 1997).
19. Ellin, N., "Shelter from the Storm, or Form Follows Fear and Vice Versa", in N. Ellin e E.J. Blakely (orgs.), *Architecture of Fear*, Nova York, Princeton Architectural Press, 1997, p.13, 26.
20. As comunidades muradas (*gated communities*) são condomínios isolados e protegidos que dispõem de entrada controlada, cercas sofisticadas, guardas armados e aparelhagens de televigilância. (N.E.I.)
21. Flusty, S., "Building Paranoia", in N. Ellin e E.J. Blakely (orgs.), op.cit., p.48-52.
22. Sennett, R., *The Uses of Disorder: Personal Identity and City Life*, Londres, Faber & Faber, 1996, [Knopf, Nova York, 1970], p.39, 42.

2. Buscar abrigo na caixa de Pandora *(p.52-73)*

1. *The Hedgehog Review*, vol.5, n.3, outono 2003, p.5-7.
2. Altheide, D.L., "Mass Media, Crime and the Discourse of Fear", *The Hedgehog Review*, vol.5, n.3, outono 2003, p.9-25.

Notas

3. Graham, S., "Postmortem City: Towards an Urban Geopolitics", *City*, vol.8, n.2, jul 2004, p.165-96.

4. SUV (Sport Utility Vehicle): veículo utilitário esportivo com tração nas quatro rodas. Os dados estatísticos a respeito dos SUV falam por si mesmos: em 2002, nos EUA, 70 mil capotaram, provocando cerca de duas mil mortes; eles poluem três vezes mais que a média dos outros automóveis; consomem 30% mais combustível que a média dos outros automóveis; nos casos de colisão mostraram-se mais perigosos para o outro veículo envolvido, em razão de seu peso e da estrutura rígida. Desfrutam, nos EUA, de significativas facilidades fiscais. (N.E.I.)

5. Surette, R., *Media, Crime and Criminal Justice*, Florence, Brooks/Cole, 1992, p.43.

6. Cf. relatório de J. Vidal, *Beyond the City Limits*, no suplemento online do *Guardian*, 9 set 2004, p.4-6.

7. Arquivado in www.christianfarmers.org.

8. No âmbito econômico, a fórmula *comando-e-controle* indica uma das formas que o Estado tem de intervir nas "falhas do mercado": como os mercados reais não podem satisfazer o ideal da concorrência perfeita, baseada na interdependência entre oferta e procura, precisam ser regulados por normas de conduta, mecanismos de controle, sanções e incentivos. (N.T.I)

9. Cf. http://web.idrc.ca/em/ev-5376-201-1-DO_TOPIC.html.

10. Cf. Seabrook, J., *Consuming Cultures: Globalization and Local Lives*, Toronto, New Internationalist, 2004. A citação foi extraída de um texto intitulado "Powder Keg in the Slums", publicado em *The Guardian*, 1º set 2004, p.19.

11. Ellin, N. "Fear and City Building", *The Hedgehog Review*, vol.5, n.3, outono 2003, p.43-61.

12. Diken B. e C.B. Laustsen, "Zone of Indistinction: Security, Terror and Bare Life", *Space and Culture*, vol.5, n.3, ago 2002, p.290-307.

13. *Insiders* são os membros de uma organização ou de uma associação. Enquanto in-siders, estão *dentro* (e, portanto, em todos os sentidos, estão *in*). Por contraste, os *insiders* evocam os *out-siders* que infelizmente estão fora. (N.E.I.)

14. Citação extraída de Reader, J., *Cities*, Londres, William Heinemann, 2004, p.282.

15. Ibid, p.267.
16. Hall, P., *Cities in Civilization: Culture, Innovation and Urban Order*, Londres, Weinfeld and Nicolson, 1998, p.857-76.
17. Manning, J., "Racism in Three Dimensions: South African Architecture and the Ideology of White Superiority", *Social Identities*, vol.10, n.4, 2004, p.527-36.
18. *Razor wire* é uma espécie de arame farpado em que as farpas foram substituídas por lâminas afiadas de várias dimensões, que cortam como fio de navalha. (N.E.I.)
19. Morgan, L.H., *Ancient Society*, H. Holt, 1878, p.1.

ESTA OBRA FOI COMPOSTA PELA FUTURA EDITORAÇÃO
EM AVENIR E ADOBE GARAMOND PRO E IMPRESSA EM OFSETE
PELA GRÁFICA BARTIRA SOBRE PAPEL PÓLEN SOFT DA
SUZANO S.A. PARA A EDITORA SCHWARCZ EM JUNHO DE 2021

A marca FSC® é a garantia de que a madeira utilizada na fabricação do papel deste livro provém de florestas que foram gerenciadas de maneira ambientalmente correta, socialmente justa e economicamente viável, além de outras fontes de origem controlada.